10분 투자로 영문 메일의 달인 되는

비즈니스 이메일

in 10 Minutes!
Super Speed Skill Development

in 10 Minutes!
Super Speed Skill Development

10분 투자로 영문 메일의 달인 되는

비즈니스 이메일

10분 투자로 영문 메일의 달인 되는

비즈니스 이메일

in 10 Minutes!
Super Speed Skill
Development

10분 투자로 영문 메일의 달인 되는

비즈니스 이메일

예스북

초판 1쇄 인쇄 2010년 7월 13일
초판 4쇄 발행 2014년 10월 2일

펴낸이 | 양봉숙
지은이 | Akira Kurahone (倉骨 彰)
　　　 Travis T.Kurahone (トラビス・T・クラホネ)
편 집 | 권인택
디자인 | 김선희
마케팅 | 이주철

펴낸곳 | 예스북
출판등록 | 2005년 3월 21일 제320-2005-25호
주소 | 서울시 마포구 노고산동 57-46 아이스페이스 1107호
전화 | (02) 337-3053
팩스 | (02) 337-3054
E-mail | yesbooks@naver.com
홈페이지 | www.e-yesbook.co.kr

ISBN 978-89-92197-50-2 13740

10분 투자로 영문 메일의 달인 되는

비즈니스 이메일

JYUPPUNKAN DE CHOSOKU SKILL UP! BUSINESS EIBUN MERU NO TESSOKU by Akira Kurahone, Travis T.Kurahone
Copyrights ⓒ 2006 by Akira Kurahone, Travis T.Kurahone. All rights reserved.
Originally published in Japan by Nikkei Business Publications, Inc.
Korean translation edition ⓒ 2010 Yesbook Publisher.
Korean translation rights arranged with Nikkei Business Publications, Inc., Through PLS Agency.

이 책의 한국어판 저작권은 PLS를 통한 저작권자와의 독점 계약으로 예스북에 있습니다.
신저작권법에 의하여 한국어판의 저작권 보호를 받는 서적이므로 무단 전제와 복제를 금합니다.

머리말

인터넷 보급에 따라 국경과 언어의 장벽을 넘는 비즈니스가 행해지고 있는 현대사회에서는 용건을 영문 메일의 쉬운 문장으로 간결하고 명확하게 전달하는 기술이 요구된다. 그러나 항상 한국어로 써 오던 메일을 그대로 영문으로 옮기면 언어나 문화의 차이로 의사소통에 문제가 생기거나 트러블이 발생할 수가 있다. 한국어로는 가벼운 뉘앙스의 표현이 영문으로 옮기면 아주 실례가 되는 표현으로 둔갑하여 상대방을 화나게 만드는 일도 생길 수 있는 것이다. 이는 커뮤니케이션의 방법이 영어권과 한국어가 여러 가지 측면에서 다르기 때문에 나타나는 현상이다.

여기, 이 문제를 해결할 수 있는 아주 심플한 해결책이 있다. 그건 바로 정해진 비즈니스 영문 메일의 패턴을 익히는 것이다. 실제로 영문 메일은 대부분 서론, 본론, 마무리의 3가지 패턴으로 되어 있고 그 패턴에는 항상 정해진 말이나 어구가 사용된다.

이 책은 비즈니스 영문 메일에서 빈번하게 사용하는 패턴을 모아, 이 패턴을 상황별로 '기초편' '실무편' '고급편' 3부로 나눴으며, 단기간에 학습할 수 있도록 34과로 구성하여 암기하기 쉽게 해설까지 달아두었다.

'기초편'에는 비즈니스 영문 메일을 처음 쓰는 초보자에게 꼭 필요한 서두와 맺음말에서 자주 사용되는 표현 중심으로 다뤘다. '실무편'에는 실무에서 부딪치게 되는 다양한 상황별 표현을 묶었다. 마지막으로 '고급편'에는 교섭, 판매, 의견 교환 같은 실무의 틀에 묶이지 않은 조금은 복잡한 내용을 메일로 어떻게 다루면 되는지에 대해 다뤘다.

Akira Kurahone, Travis T.Kurahone

읽는 방법과 사용 방법

이 책은 비즈니스 현장에서 도움이 되는 중요한 표현을 어떻게 하면 쉽게 습득할 수 있는지에 중점을 두고 해설했다. 하나의 과는 모두 6페이지 분량으로 10분 정도의 짧은 시간만 있으면 읽을 수 있을 것이다. 일하는 틈이나 이동 시간 등 약간의 자투리 시간을 활용해서 배울 수 있게 되어 있다.

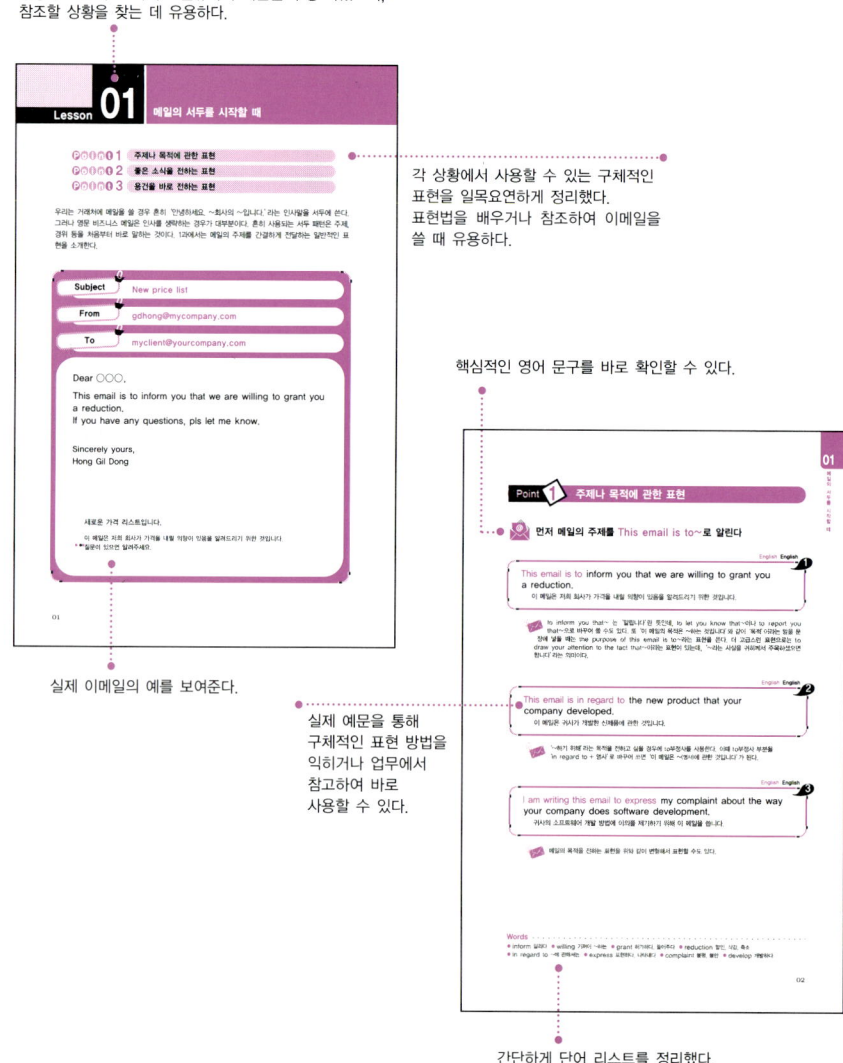

이메일을 효과적으로 이용할 수 있게 하는
여러 가지 팁을 제공한다.

앞서 익힌 내용을 다시 한 번 확인하여
실무에서 사용하는 데 도움을 준다.

영한번역에 도전해봄으로써 표현방법을
완전히 내 것으로 만든다.

자신이 번역한 것을 정답과
비교해보고 저자의 깊이 있는
해설을 통해 실력을 다진다.

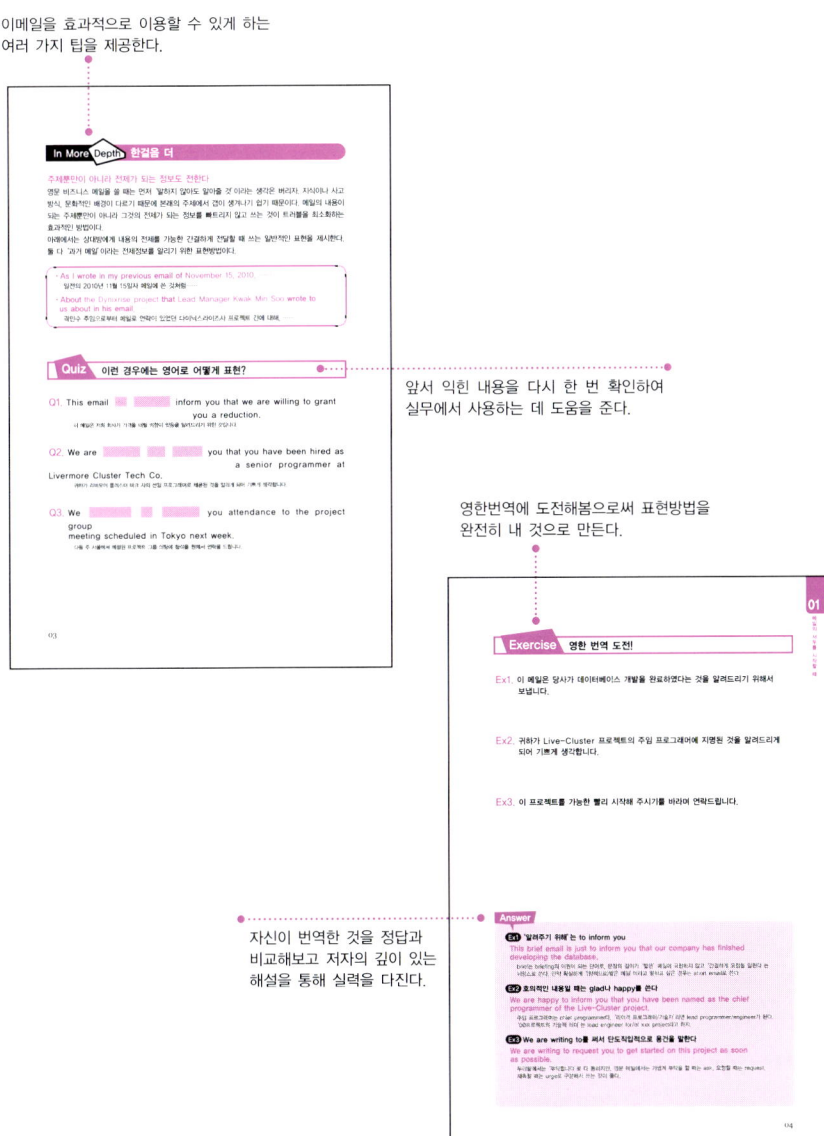

이메일의 형식

대개 이메일 쓰기를 클릭하면 다음과 같은 모습을 볼 수 있다.

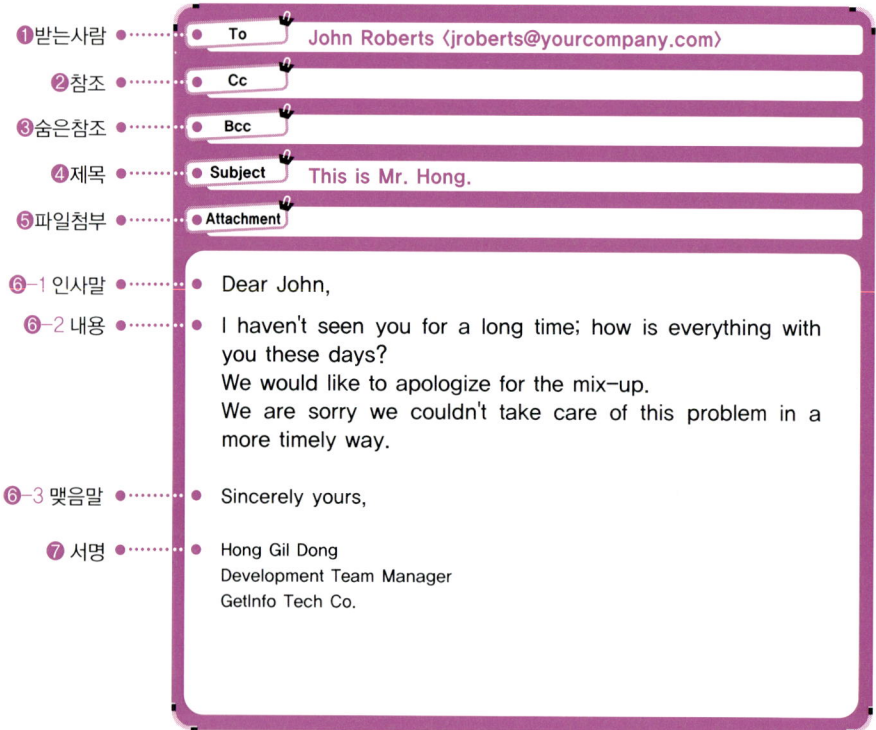

1. To 받는사람 : John Roberts

To에는 받는 사람의 이메일주소를 입력한다.

2. Cc 참조

Carbon Copy의 약자인 Cc에는 이 메일을 받아 볼 다른 사람의 이메일 주소를 입력할 수 있다. 세미콜론(;)이나 쉼표(,)를 사용하여 필요한 사람들의 이메일 주소를 입력한다. 여기에 표시되는 수신자들은 서로 누가 이 메일을 받아보았는지 알 수 있다.

3. Bcc 숨은참조

Bcc는 Blind Carbon Copy의 약자이다. Bcc로 메일을 수신하는 사람은 이 메일을 자기 말고 또 누가 받아보았는지 알 수가 없다. 때문에 비밀스럽게 보낼 때 사용하거나, 수신자들이 서로의 이메일 주소를 모르게 하고 싶을 때 사용한다.

4. Subject 제목

요즘 같이 이메일 광고가 넘쳐나는 시기에는 특히나 이 제목이 중요하다. 스팸메일로 착각하기 쉬운 제목은 피하고 메일의 내용을 간단하면서도 정확하게 전달할 수 있는 제목을 선택하는 것이 필요하다.

5. Attachment 파일첨부

요즘은 네트워크 환경이 좋아져서 대용량 첨부도 큰 문제가 되지는 않는다. 하지만 수신환경은 나라와 수신지역마다 차이가 있을 수 있으므로 용량이 크다면 되도록 나누거나 압축해서 보내는 것이 좋다.

6. 본문

6-1. 인사말

친한 사이거나 격식을 차리는 경우 Dear로 시작할 수 있다. 대개 Mr.(Ms.)다음에 받는 사람의 성(姓)을 표시하거나 이름으로 시작한다. 예를 들어, Bill Clinton에게 보낼 경우

- Dear Mr. Bill Clinton
- Mr. Clinton
- Dear Bill
- Bill 등이 가능하다. 또는
- Dear Sir (수신인이 남자인 경우)
- Dear Sir, Madam (성별을 모를 때) 으로 표현할 수도 있다.

6-2. 내용

신속하고 간결하게 메시지를 전달할 수 있는 것이 이메일의 장점이다. 따라서 본문의 내용을 간결하고 명확하게 표현하는 것이야말로 이메일의 생명이라고 할 수 있다. 전부 대문자로 한다거나 소문자로 하는 것은 피해야하며 또한 문장은 간단명료해야 한다.

이메일의 형식

6-3. 맺음말

맺음말은 다음과 같이 간단한 표현으로 할 수 있다.

업무용 메일에서
- Sincerely
- Sincerely yours
- (Very)Truly yours
- Yours sincerely
- Yours truly
- Yours faithfully,

개인적인 메일에서
- Best Regards
- Regards
- Best Wishes,

7. 서명

보내는 사람의 이름, 회사, 소속 부서, 지위, 전화번호, 홈페이지 주소 등이 들어간 서명파일을 만들어 사용한다. 해외로 보내는 경우에는 전화번호나 팩스번호에 국가번호를 넣는 것이 좋다. 따라서 해외용, 국내용, 개인용, 업무용 등 목적에 맞는 서명을 만들어 두고 사용하면 편리하다.

해외용 이메일 서명의 예 :

Hong Gil Dong
Development Team Manager
System Development Division
GetInfo Tech Co.
+82-2-1234-5678(direct)
+82-2-1234-5679(fax)
gdhong@getinfotech.com
http://www.getinfotech.com

이메일 서명 **Tip**

1. 해외용으로 특별히 많은 정보를 넣는 경우가 아니면 되도록 간단하게 만든다. 핵심정보만 담아 4줄을 넘지 않도록 한다.
2. 이메일 서명을 만들어 주는 간단한 소프트웨어들을 활용할 수도 있으며, 그래픽을 넣어 만들 수도 있다.
3. 홈페이지 주소는 하이퍼링크를 사용하지 말고 되도록 URL을 직접 입력하도록 한다.
4. 이메일 주소나 전화번호는 여러 개 넣는 것보다는 꼭 필요한 것 하나만 넣도록 한다.
5. 우편주소는 넣을 필요가 없으나 이메일 주소는 반드시 넣는다.
6. 목적에 맞는 서명을 여러 개 만들어 사용하는 것이 좋다.

예 1.
Hong Gil Dong
General Manager | Woori Design KOREA
02-1234-56789 | gdhong@mycompany.com | http://www.mycompany.com
Twitter: http://twitter.com/twittername

예 2.
Hong Gil Dong
010-1234-56789
http://www.mycompany.com

예 3.
Hong Gil Dong
http://www.mycompany.com

CONTENTS

Part 1 기초편

Lesson 01 메일의 서두를 시작할 때 · 22
  포인트① 주제나 목적에 관한 표현 · 23
  포인트② 좋은 소식을 전하는 표현 · 24
  포인트③ 용건을 바로 전하는 표현 · 25

Lesson 02 상대방의 메일에 회신할 때 · 28
  포인트① 메일 받은 날짜를 언급하는 표현 · 29
  포인트② 메일을 수신했음을 알리는 표현 · 30
  포인트③ 답장이 늦었을 때 사과하는 표현 · 31

Lesson 03 감사의 마음을 전할 때 · 34
  포인트① 서두에 전하는 감사의 표현 · 35
  포인트② 마무리로 전하는 감사의 표현 · 36
  포인트③ 기대감을 전하는 마무리 표현 · 37

Lesson 04 부담스러운 내용의 메일을 보낼 때 · 40
  포인트① 재치 있게 사과하는 표현 · 41
  포인트② 마지막에 다시 한 번 사과하는 표현 · 42
  포인트③ 오랜만에 메일을 보낼 때 쓰는 표현 · 43

Lesson 05 메일을 마무리할 때 · 46
  포인트① 빠른 답장을 기대하는 표현 · 47
  포인트② 의뢰한 내용을 재확인시키는 표현 · 48
  포인트③ 적극적인 협조 의지의 표현 · 49

Lesson 06 메일의 송·수신을 확인할 때 · 52
  포인트① 첨부 파일에 관한 표현 · 53
  포인트② 메일을 잘못 보냈음을 알리는 표현 · 54
  포인트③ 압축 파일에 관한 표현 · 55

Lesson 07 메일의 인용·전달기능을 활용할 때 · 58
  포인트① 간단하게 끝내는 인용 답신 표현 · 59
  포인트② '일단 확인했다'는 내용을 전하는 표현 · 60
  포인트③ 메일을 제3자에게 전달할 때 쓰는 표현 · 61

Part 2 실무편

Lesson 08 메일을 처음 보낼 때 · 66
  포인트① 자신이 누구인지 알리는 표현 · 67
  포인트② 누구에게 소개 받았는지 알리는 표현 · 68
  포인트③ 연락처를 어디에서 받았는지 알리는 표현 · 69

Lesson 09 정보나 자료를 요청 받았을 때 · 72
　　포인트① 정보나 자료를 보낼 때 쓰는 표현 · 73
　　포인트② 부드럽게 거절할 때 쓰는 표현 · 74
　　포인트③ 나중에 별도로 보낼 때 쓰는 표현 · 75

Lesson 10 물품 등을 보내고 받을 때 · 78
　　포인트① 보내는 곳을 확인하는 표현 · 79
　　포인트② 수신을 확인하는 표현 · 80
　　포인트③ 보내는 목적을 알리는 표현 · 81

Lesson 11 관계자에게 통지할 때 · 84
　　포인트① 소식이나 정보를 알리는 여러 가지 표현 · 85
　　포인트② 제3자에게 메시지를 전해 달라는 표현 · 86
　　포인트③ 제3자의 메시지를 전달할 때의 표현 · 87

Lesson 12 부재중인 이유를 알릴 때 · 90
　　포인트① 사무실 휴업을 알리는 표현 · 91
　　포인트② 출장으로 인한 부재를 알리는 표현 · 92
　　포인트③ 휴가를 미리 알리는 표현 · 93

Lesson 13 회의를 주재할 때 · 96
　　포인트① 회의 개최를 통지하는 표현 · 97
　　포인트② 참석 여부를 확인하는 표현 · 98
　　포인트③ 회의의 목적을 알리는 표현 · 99

Lesson 14 이벤트에 초대할 때 · 102
　　포인트① 모임에 초대하는 표현 · 103
　　포인트② 승낙·거절의 표현 · 104
　　포인트③ 고위 인사의 방문을 알리는 표현 · 105

Lesson 15 정보를 수집할 때 · 108
　　포인트① 정보를 요청하는 표현 · 109
　　포인트② 흥미와 관심을 나타내는 표현 · 110
　　포인트③ 정보원에 대해 묻는 표현 · 111

Lesson 16 방문을 요청할 때 · 114
　　포인트① 만남을 요청하는 표현 · 115
　　포인트② 승낙·사양의 표현 · 116
　　포인트③ 회사 방문을 요청하는 표현 · 117

Lesson 17 만날 약속을 조정할 때 · 120
　　포인트① 장소를 조정하는 표현 · 121
　　포인트② 날짜와 시간을 조정하는 표현 · 122
　　포인트③ 약속을 변경·취소하는 표현 · 123

Lesson 18 프로젝트를 진행할 때 · 126
　　포인트① 스케줄을 전달하는 표현 · 127
　　포인트② 진행 상황을 확인하는 표현 · 128
　　포인트③ 목표를 알리고 공유하는 표현 · 129

CONTENTS

Lesson 19 프로젝트에 문제가 발생했을 때 · 132
    포인트① 문제 발생을 알리는 표현 · 133
    포인트② 기간 연장을 요청하는 표현 · 134
    포인트③ 일의 중지를 통지하는 표현 · 135

Lesson 20 문의 사항을 접할 때 · 138
    포인트① 문의할 때의 표현 · 139
    포인트② 문의에 답할 때의 표현 · 140
    포인트③ 일반 소비자의 문의에 대한 대응 · 141

Lesson 21 확인을 하고 싶을 때 · 144
    포인트① 오해가 없는지 확인하는 표현 · 145
    포인트② 잊지 않도록 알려주는 표현 · 146
    포인트③ 다시 한 번 확인하는 표현 · 147

Lesson 22 호의적인 마음을 전할 때 · 150
    포인트① 상대방의 배려에 고마움을 전하는 표현 · 151
    포인트② 상대방의 일이나 업적을 칭찬하는 표현 · 152
    포인트③ 상대방의 소식을 듣고 축하하는 표현 · 153

Lesson 23 무언가를 요구할 때 · 156
    포인트① 협조를 구하는 표현 · 157
    포인트② 어떠한 행동을 의뢰하는 표현 · 158
    포인트③ 절박한 상황에서 재촉하는 표현 · 159

Lesson 24 조언이 필요할 때 · 162
    포인트① 정중하게 조언을 구하는 표현 · 163
    포인트② 강요하지 않고 조언하는 표현 · 164
    포인트③ 강하게 권고하는 표현 · 165

Part 3 고급편

Lesson 25 적극적으로 판매할 때 · 169
    포인트① 적극적인 판매의 표현 · 170
    포인트② 상품이나 서비스의 효용을 설명하는 표현 · 171

Lesson 26 상대방의 제의에 대한 태도를 밝힐 때 · 174
    포인트① 제의를 거절하는 표현 · 175
    포인트② 제의를 받아들이는 표현 · 176
    포인트③ 승인과 허가에 관한 표현 · 177

Lesson 27 의견을 교환할 때 · 180
　포인트 ① 상대의 의견을 구하는 표현 · 181
　포인트 ② 자신의 의견을 제시하는 표현 · 182
　포인트 ③ 주의를 환기시키는 표현 · 183

Lesson 28 기대 · 불안 · 확신을 표현할 때 · 186
　포인트 ① 희망과 기대의 표현 · 187
　포인트 ② 우려와 불안의 표현 · 188
　포인트 ③ 확신과 자신감의 표현 · 189

Lesson 29 찬성의 의미를 전할 때 · 192
　포인트 ① 의견에 동의하는 표현 · 193
　포인트 ② 부분적인 합의의 표현 · 194
　포인트 ③ 전적인 지지의 표현 · 195

Lesson 30 반대 의견을 전할 때 · 198
　포인트 ① 전적인 반대의 표현 · 199
　포인트 ② 완곡한 반대의 표현 · 200
　포인트 ③ 재고를 요청하는 표현 · 201

Lesson 31 안건의 중요성을 어필할 때 · 204
　포인트 ① 중요성을 호소하는 표현 · 205
　포인트 ② 결의와 확신의 표현 · 207

Lesson 32 완곡하게 표현할 때 · 210
　포인트 ① 허가를 구하는 표현 · 211
　포인트 ② 요구사항을 전하는 표현 · 212
　포인트 ③ 완곡한 질문의 표현 · 213

Lesson 33 타협을 이끌어낼 때 · 216
　포인트 ① 타협안을 받아들이는 표현 · 217
　포인트 ② 타협안을 거부하는 표현 · 218
　포인트 ③ 조건부 수용의 표현 · 219

Lesson 34 번거로운 사태에 대응할 때 · 222
　포인트 ① 경고의 표현 · 223
　포인트 ② 고충을 알리는 표현 · 224
　포인트 ③ 컴플레인에 대응하는 표현 · 225

Business E-mail

10분 투자로 영문 메일의 달인 되는 법

비즈니스 영문 메일은 서두나 맺음말의 형식이 우리와는 조금 다르다. 우리가 흔히 써 오던 방식처럼 생각한 내용을 그대로 영문으로 직역해서는 안 되는 이유가 여기에 있다. 그렇다면 어떻게 해야 할까? Part 1 '기초편'은 이러한 부분에 중점을 두고 구성하였다. 영문 메일의 서두에는 여러 가지 패턴이 있다. 예를 들어 '메일의 주제를 쓴다, 답신 메일이라는 점을 밝힌다, 사과로 시작한다' 등이다. 또한 메일의 내용이 좋은 소식인지 나쁜 소식인지에 따라 그에 맞는 서두 표현이 달라진다. 맺음말은 생략해도 되지만 굳이 넣는다면 적극적인 의미를 담는 것이 좋다. 영문 메일은 서두와 맺음말을 쓰는 방법만 알아도 절반은 성공한 것이나 다름없다. 나머지는 구체적인 정보를 나열하기만 하면 되기 때문이다.

기초편   Part 1

- **Lesson 01** 메일의 서두를 시작할 때
- **Lesson 02** 상대방의 메일에 회신할 때
- **Lesson 03** 감사의 마음을 전할 때
- **Lesson 04** 부담스러운 내용의 메일을 보낼 때
- **Lesson 05** 메일을 마무리할 때
- **Lesson 06** 메일의 송·수신을 확인할 때
- **Lesson 07** 메일의 인용·전달기능을 활용할 때

Lesson 01

메일의 서두를 시작할 때

Point 1 주제나 목적에 관한 표현
Point 2 좋은 소식을 전하는 표현
Point 3 용건을 바로 전하는 표현

우리는 거래처에 메일을 쓸 경우 흔히 '안녕하세요. ~회사의 ~입니다.'라는 인사말을 서두에 쓴다. 그러나 영문 비즈니스 메일은 인사를 생략하는 경우가 대부분이다. 흔히 사용되는 서두 패턴은 주제, 경위 등을 처음부터 바로 말하는 것이다. 1과에서는 메일의 주제를 간결하게 전달하는 일반적인 표현을 소개한다.

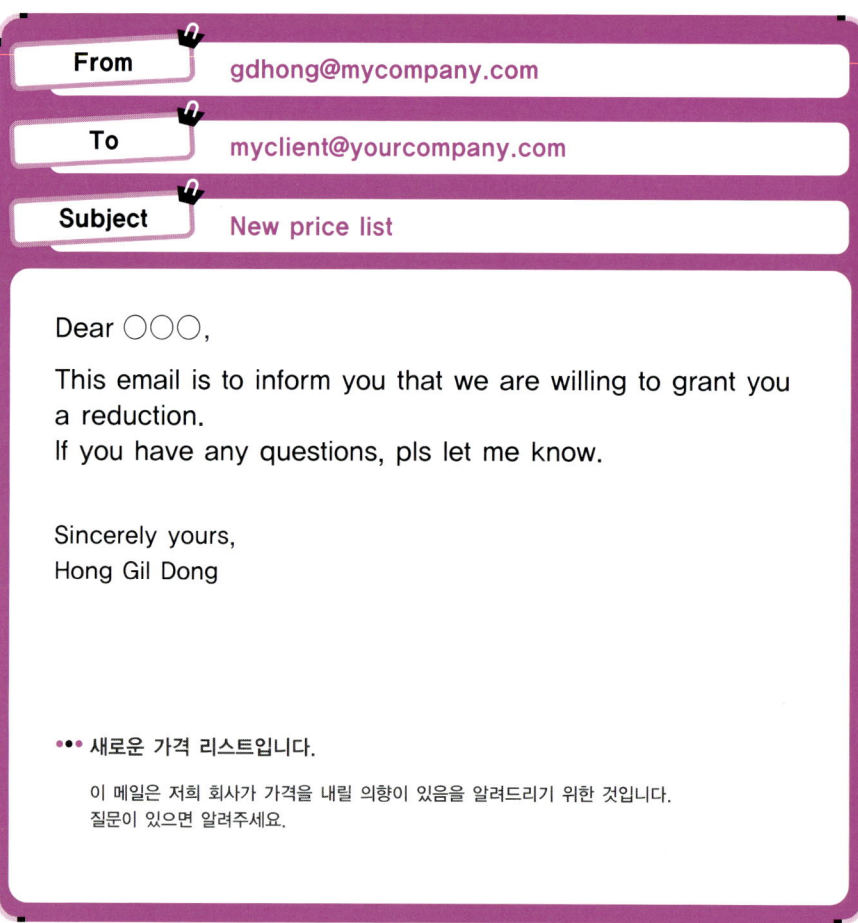

From gdhong@mycompany.com
To myclient@yourcompany.com
Subject New price list

Dear ○○○,

This email is to inform you that we are willing to grant you a reduction.
If you have any questions, pls let me know.

Sincerely yours,
Hong Gil Dong

••• 새로운 가격 리스트입니다.

이 메일은 저희 회사가 가격을 내릴 의향이 있음을 알려드리기 위한 것입니다.
질문이 있으면 알려주세요.

Point 1 주제나 목적에 관한 표현

먼저 메일의 주제를 This email is to~로 알린다

Business E-mail Situation **1**

This email is to inform you that we are willing to grant you a reduction.
이 메일은 저희 회사가 가격을 내릴 의향이 있음을 알려드리기 위한 것입니다.

 to inform you that~는 '알립니다'란 뜻인데, to let you know that~이나 to report you that~으로 바꾸어 쓸 수도 있다. 또 '이 메일의 목적은 ~하는 것입니다'와 같이 '목적'이라는 말을 문장에 넣을 때는 the purpose of this email is to~라는 표현을 쓴다. 더 고급스런 표현으로는 to draw your attention to the fact that~이라는 표현이 있는데, '~라는 사실을 귀하께서 주목하셨으면 합니다'라는 의미이다.

Business E-mail Situation **2**

This email is in regard to the new product that your company developed.
이 메일은 귀사가 개발한 신제품에 관한 것입니다.

 '~하기 위해'라는 목적을 전하고 싶을 경우에 to부정사를 사용한다. 이때 to부정사 부분을 'in regard to + 명사'로 바꾸어 쓰면 '이 메일은 ~(명사)에 관한 것입니다'가 된다.

Business E-mail Situation **3**

I am writing this email to express my complaint about the way your company does software development.
귀사의 소프트웨어 개발 방법에 이의를 제기하기 위해 이 메일을 씁니다.

 메일의 목적을 전하는 표현을 위와 같이 변형해서 표현할 수도 있다.

Words
• inform 알리다 • willing 기꺼이 ~하는 • grant 허가하다, 들어주다 • reduction 할인, 삭감, 축소
• in regard to ~에 관해서는 • express 표현하다, 나타내다 • complaint 불평, 불만 • develop 개발하다

Point 2 좋은 소식을 전하는 표현

좋은 소식일 경우는 We are happy to~로 시작한다

We are happy to inform you that you have been hired as a senior programmer at Livermore Cluster Tech Co.
귀하가 리버모어 클러스터 테크 사의 선임 프로그래머로 채용된 것을 알리게 되어 기쁘게 생각합니다.

이 표현은 '~하게 되어서 기쁘다, 즐겁다, 행복하다'라는 내용을 전달할 경우에 사용한다. happy to~를 pleased to~, glad to~ 등으로 바꿀 수 있다. 조금은 뉘앙스가 다르지만 excited to~라는 표현도 쓴다. 예를 들면 'We are happy and excited to inform you that we got awarded this contract.(우리가 이 계약을 수주하게 된 것을 알리게 되어 매우 기쁘게 생각합니다.)'란 느낌으로 쓴다.

Business E-mail Situation

We are very pleased that your company has succeeded in developing the new product.
귀사가 신제품 개발에 성공한 것을 매우 기쁘게 생각합니다.

좋은 소식이 주제일 때 쓰는 또 다른 서두 표현이다.

Business E-mail Situation

We are pleased to learn that Professor Austin is positive about assisting your company's R&D efforts.
귀사의 연구개발을 도와주는 것에 대해 오스틴교수가 긍정적으로 생각한다니 기쁩니다.

pleased to learn that~은 '~한 것을 알게 되어 기쁘다'는 의미이다.

Words
• hire 고용하다 • senior 상위의, 선임 • pleased 좋아하는, 기쁜 • succeed 성공하다 • learn 들어서 알다, 배우다
• positive 긍정적인, 확신하고 있는 • assist 거들다, 돕다 • R&D 연구개발(research and development)

Point 3 — 용건을 바로 전하는 표현

 업무상의 연락에서는 원하는 사항을 갑자기 꺼내도 OK

Business E-mail Situation 1

We are writing to request your attendance at the project group meeting scheduled in Seoul next week.
다음 주 서울에서 예정된 프로젝트 그룹 미팅에 참석을 원해서 연락을 드립니다.

We request~나 We want~는 너무 직접적인 표현이 아닐까 생각될지도 모르지만, We are writing to request~를 덧붙여 쓴다면 서론을 생략하고 바로 원하는 사항을 말해도 업무상의 연락 메일에서는 괜찮다.

Business E-mail Situation 2

We are writing with the hope that our server group has already sealed the system development contract with PhoneComm Co.
우리 서버그룹이 이미 폰콤사와 시스템 개발에 관한 계약을 맺었기를 기대하며 이 메일을 씁니다.

'용건을 단도직입적으로 꺼낸다'는 것은 '오랜만입니다' '수고하십니다' '잘 지내시죠?'라고 하는 서론 문구를 생략하고 바로 본문으로 들어간다는 의미다. 단, 갑자기 We/I hope that~이라고 해 버리면, 아무리 영문 메일일지라도 '무뚝뚝한' 인상을 줄 수밖에 없다. 이때 with the hope that을 사용하면 더욱 부드러운 표현이 된다.

Business E-mail Situation 3

As you already know, it has been decided that the deadline for developing a new data function is December 10, 2010.
이미 알고 계신 것처럼 새로운 데이터 기능은 2010년 12월 10일까지 개발 완료하기로 결정하였습니다.

As you already know(이미 알고 계신 것처럼)도 단도직입적으로 용건을 말할 때 쓰는 일반적인 표현 중 하나다. deadline의 본래 의미는 '사선(死線)'으로, 이 선을 죄수가 넘으면 탈옥을 기도했다 하여 총살을 당해도 변명할 여지가 없는 한계선을 뜻한다.
'마감을 연장한다'는 extend the deadline이나 move the deadline forward라고 쓴다.

Words
- request 요청하다, 부탁하다
- attendance 참석
- seal 도장을 찍다
- contract 계약

In More Depth 한걸음 더

주제뿐만이 아니라 전제가 되는 정보도 전한다

영문 비즈니스 메일을 쓸 때는 먼저 '말하지 않아도 알아줄 것'이라는 생각은 버리자. 지식이나 사고방식, 문화적인 배경이 다르기 때문에 본래의 주제에서 갭이 생겨나기 쉽기 때문이다. 메일의 내용이 되는 주제뿐만이 아니라 그것의 전제가 되는 정보를 빠트리지 않고 쓰는 것이 트러블을 최소화하는 효과적인 방법이다.

아래에서는 상대방에게 내용의 전제를 가능한 간결하게 전달할 때 쓰는 일반적인 표현을 제시한다. 둘 다 '과거 메일'이라는 전제정보를 알리기 위한 표현방법이다.

- **As I wrote in my previous email of** November 15, 2010, ……
  일전의 2010년 11월 15일자 메일에 쓴 것처럼……

- **About** the Dynixrise project **that** Lead Manager Kwak Min Soo **wrote to us about in his email,** ……
  곽민수 주임으로부터 메일로 연락이 있었던 다이닉스라이즈사 프로젝트 건에 대해, ……

Quiz 이런 경우에는 영어로 어떻게 표현?

Q1. This email ▮▮ ▮▮ inform you that we are willing to grant you a reduction.
이 메일은 저희 회사가 가격을 내릴 의향이 있음을 알려드리기 위한 것입니다.

Q2. We are ▮▮ ▮▮ ▮▮ you that you have been hired as a senior programmer at Livermore Cluster Tech Co.
귀하가 리버모어 클러스터 테크 사의 선임 프로그래머로 채용된 것을 알리게 되어 기쁘게 생각합니다.

Q3. We are ▮▮ ▮▮ ▮▮ your attendance to the project group meeting scheduled in Tokyo next week.
다음 주 서울에서 예정된 프로젝트 그룹 미팅에 참석을 원해서 연락을 드립니다.

Answer
Q1 is, to   Q2 happy, to, inform   Q3 writing, to, request

Exercise 영한 번역 도전!

Ex1. 이 메일은 당사가 데이터베이스 개발을 완료하였다는 것을 알려드리기 위해서 보냅니다.

Ex2. 귀하가 Live-Cluster 프로젝트의 주임 프로그래머에 지명된 것을 알려드리게 되어 기쁘게 생각합니다.

Ex3. 이 프로젝트를 가능한 빨리 시작해 주시기를 바라며 연락드립니다.

Answer

Ex1 '알려주기 위해'는 to inform you

This brief email is just to inform you that our company has finished developing the database.

> brief는 briefing의 어원이 되는 단어로, 문장의 길이가 '짧은' 메일에 국한하지 않고 '간결하게 요점을 알린다'는 뉘앙스로 쓴다. 만약 확실하게 '(양적으로)짧은 메일'이라고 말하고 싶은 경우는 short email로 쓴다.

Ex2 호의적인 내용일 때는 glad나 happy를 쓴다

We are happy to inform you that you have been named as the chief programmer of the Live-Cluster project.

> 주임 프로그래머는 chief programmer다. '리더격 프로그래머/기술자'라면 lead programmer/engineer가 된다. '○○프로젝트의 기술적 리더'는 lead engineer for/of xxx project라고 하자.

Ex3 We are writing to를 써서 단도직입적으로 용건을 말한다

We are writing to request you to get started on this project as soon as possible.

> 우리말에서는 '부탁합니다'로 다 통하지만, 영문 메일에서는 가볍게 부탁을 할 때는 ask, 요청할 때는 request, 재촉할 때는 urge로 구분해서 쓰는 것이 좋다.

Lesson 02 상대방의 메일에 회신할 때

Point 1 메일 받은 날짜를 언급하는 표현
Point 2 메일을 수신했음을 알리는 표현
Point 3 답장이 늦었을 때 사과하는 표현

앞서 소개한 것처럼 영어권에서는 메일의 주제나 전제를 처음부터 말하는 것이 일반적이다. 어느 메일에 대한 답장인지를 처음에 밝히면 그것만으로도 메일의 주제를 쉽게 전할 수 있다. 메일을 받았으면 바로 답장하는 것이 기본 매너이다. 답장이 너무 늦었을 때는 사과의 표현을 넣는 것도 잊지 않는다.

From: gdhong@mycompany.com
To: myclient@yourcompany.com
Subject: About development schedule

Dear ○○○,

I have received your inquiry of September 20 regarding our development schedule.
Thank you very much for contacting us with your feedback.

Sincerely yours,
Hong Gil Dong

••• 개발일정에 대하여
9월 20일자로 우리의 개발 스케줄에 대한 문의를 받았습니다. 의견을 주셔서 감사합니다.

Point 1 메일 받은 날짜를 언급하는 표현

 '답장'은 reply를 쓴다

Business E-mail Situation ❶

I am writing this message to reply to your email dated July 10.
7월 10일자 메일에 대한 답변입니다.

'답장'에는 통상적으로 reply를 쓴다. 예문을 직역하면 '7월 10일자 메일에 대한 답을 하기 위해 이 메일을 쓰고 있다'로 자주 쓰는 표현이므로 기억해 두자. reply를 명사로 사용해, ~writing this message as reply to your email~라고 해도 상관없다. 오히려 I am replying to your email~라는 말은 별로 사용하지 않는다.

Business E-mail Situation ❷

This is to reply to your email of July 21.
이것은 7월 21일자 메일에 대한 답장입니다.

'~일자의 메일'은 email dated~이나 email of~로도 써도 된다. This is to reply to~도 관용적으로 자주 쓰는 표현이므로 기억해 두자.

Business E-mail Situation ❸

In reference to your email of June 5 about a compilation error in the CreateAction.Java program, please wait for our answer a couple of days because we are now checking the program.
CreateAction.Java프로그램의 컴파일 오류에 관한 6월 5일자 메일에 대한 것으로, 현재 프로그램을 체크하는 중이므로 답장은 2, 3일 기다려 주십시오.

메일의 주제를 지적하는 문구인 in reference to를 사용하여 시작할 수 있다. 이어서 언급하고자 하는 메일의 날짜를 표시한 다음 메일의 용건을 언급한다.

Words
- message 메시지, 서신
- reply 대답하다, 답변하다
- dated 날짜가 있는(적힌)
- in reference to ~에 관하여
- compilation error 컴파일 오류
- a couple of days 2~3일

 **Point 2** 메일을 수신했음을 알리는 표현

 '받았습니다'는 I have received

Business E-mail Situation ①

I have received your inquiry of September 20 regarding our development schedule. Thank you very much for contacting us with your feedback.
9월 20일자로 우리의 개발 스케줄에 대한 문의를 받았습니다. 의견을 주셔서 감사합니다.

 '받았습니다'라고 쓴 후엔 '그래서 어떻다는 건지'를 밝힐 필요가 있다. 대개 자유롭게 표현할 수 있고, 또한 그에 어울리는 표현도 많이 있겠지만 Thank you를 써서 감사의 뜻을 전하는 것이 가장 무난하다.

Business E-mail Situation ②

I have received your inquiry of June 5.
6월 5일자 문의를 받았습니다.

 바로 답장을 하는 경우에 과거형인 I received~로 쓰지 않도록 주의하자. 상대방에게 상당히 오래전에 받은 메일의 답장인 것 같은 인상을 준다.

Business E-mail Situation

I have received your email from March 10 about the increase in your maintenance service charge, which is scheduled to start in May, and about which I have some questions.
귀하가 보낸 3월 10일자 메일을 받았습니다. 5월부터 유지관리비가 인상될 예정이라는 내용인데 그것에 대해 몇 가지 질문이 있습니다.

 메일을 수신했음을 알리고 바로 용건을 이야기해도 좋다.

Words
• receive 받다 • inquiry 문의, 질문 • feedback 의견, 반응 • increase 증가, 인상
• maintenance service charge 유지관리비   • be scheduled to ~할 예정이다

Point 3 답장이 늦었을 때 사과하는 표현

'죄송합니다'는 My apologies to you

Business E-mail Situation 1

Your email of July 20 was forwarded to me today. My apologies to you for not responding (to your email) in a more timely fashion.

오늘 귀하로부터 7월 20일자의 메일이 저에게 도착했습니다. 답장이 늦어서 죄송합니다.

apologies는 명사 apology의 복수형, 동사는 apologize다. My apologies to you for~는 '~을 사과합니다'란 뜻으로 관용적으로 쓰는 표현이다. for not responding~으로는 '답장을 보내지 못해서'란 이유를 말하고 있다.

Business E-mail Situation 2

Because I was out of my office on a business trip for a couple of days, I am sorry I couldn't respond to your email right away.

며칠간 출장을 다녀온 관계로 사무실을 비워서 바로 답장을 못한 점 사과드립니다.

우리나라 메일도 마찬가지만 답장이 늦은 경우에는 처음에 사과로 시작하는 것이 매너다. 만약 '~하는 것이 지연된 것에 대해 사과하고 싶습니다'로 말하고 싶을 때는 sorry for the delay~로 쓴다.

Business E-mail Situation 3

Your email of July 20 was forwarded to me today. My apologies to you for not responding to your email in a more timely fashion.

귀하께서 7월 20일에 보낸 메일을 오늘에야 봤습니다. 답장이 늦어서 죄송합니다.

사과 표현으로는 My apologies to you for~가 관용적으로 자주 사용되지만, 그것만으로는 거만한 인상을 줄지도 모른다. 답장이 늦은 이유를 말한 뒤에 사과하면 문장의 흐름이 좋아진다.

Business E-mail Situation 4

Please accept my apologies for not getting in touch with you sooner.

더 빨리 연락을 못 드린 점을 사과드립니다.

Please accept my apologies for~도 사과 표현으로 사용된다.

Words
- forward 편지를 전송하다 • business trip 출장 • timely 시기 적절한 • fashion 방법, 방식 • accept 받아들이다
- get in touch with ~와 연락하다

In More Depth 한걸음 더

자신이 보낸 메일에 대해 언급할 때

이 과에서는 상대로부터 받은 메일을 언급하면서 답장을 하는 방법을 배웠다. 그와 반대로 이쪽에서 보낸 메일에 대해 언급하면서 서두를 쓸 경우도 있을 것이다. 이럴 때는 follow-up이라고 하는 단어를 자주 사용한다. 일에 무슨 진전이 있거나 시간이 지난 후에 정보를 보낼 때도 쓸 수 있다.

- **This is just a follow-up to** the message I sent earlier regarding your August 11 inquiry about our E300 system series.
  당사 E300시스템 시리즈에 관한 귀하의 8월 11일자 문의에 대하여 제가 보내드렸던 내용에 대한 보충입니다.

- This is just a follow-up mail to my yesterday's mail, **clarifying a few things**.
  어제 보낸 메일에 이어 다시 보냅니다. 두세 가지 사항을 정리했습니다.

- I thought I would send you this brief email **as a follow-up to remind you that** we want you to keep us posted as to any future developments.
  이 건에 대해 어떤 진전이 있다면 연락주시길 바라면서 이렇게 간단한 메일을 다시 보냅니다.

Words
- clarify 명백하게 설명하다, 뚜렷하게 하다
- remind 생각나게 하다
- post 편지를 보내다

Quiz 이런 경우에는 영어로 어떻게 표현?

Q1. I am writing this message to _____ your email dated July 10.
7월 10일자 메일에 대한 답변입니다.

Q2. I _____ your inquiry of June 5.
6월 5일자 문의를 받았습니다.

Q3. Your email of July 20 was forwarded to me today. _____ to you for not responding (to your email) in a more timely fashion.
오늘 귀하로부터 7월 20일자의 메일이 저에게 도착했습니다. 답장이 늦어서 죄송합니다.

Answer
Q1 reply, to   Q2 have, received   Q3 My, apologies

Exercise 영한 번역 도전!

Ex1. 8월 10일(목)일자 요청 메일에 대한 답장입니다.

Ex2. 이것은 언제 가장 빨리 상품을 출하할 수 있는 지에 대한 12월 21일자 메일에 대한 답장입니다. 연락이 늦어진 점 사과드립니다.

Ex3. 9월 20일자 우리의 개발 스케줄에 관한 문의를 받았습니다. 의견을 주셔서 감사드립니다.

Ex4. 오후 내내 미팅에 참석한 관계로 바로 답장을 드릴 수 없던 점 죄송하게 생각합니다.

Answer

Ex1 '~일자 메일에 답장을 보냅니다'의 정해진 문구
I am writing this to reply to your request email dated Thurs. Aug. 10.
메일 서두에는 확실하고 간결하게 또 오해의 여지가 없도록 자신의 의지를 나타내는 것이 중요하다. 위 해답 문장은 몇 월 며칠에 받은 메일에 대한 답장인지 바로 알 수 있기 때문에 좋은 문장이라 볼 수 있다.

Ex2 '~일자 메일에 답장을 보냅니다'의 정해진 문구
This is to reply to your email of December 21, in which you asked when we can ship out our product soonest. I apologize for the delay.
이전에 받은 메일에 대한 답장을 할 경우 이 해답 문장과 같이 그 메일의 내용을 간략하게 요약해서 in which 수식어구로 삽입하면 상대방도 '아, 잊지 않았구나!' 라고 느껴서 답장이 다소 지연돼도 그다지 화를 내거나 하지 않을 것이다. 늦은 것에 대한 사과는 동사 apologize를 써서 위와 같이 간결하게 표현할 수 있다.

Ex3 '받았습니다'는 현재완료형
I have received your inquiry of September 20 regarding our development schedule. Thank you very much for contacting us with your feedback.
'9월 20일자의 문의'는 위 해답 문장과 같이 inquiry of September 20도 괜찮고 inquiry dated 20 September 로 써도 된다. 어떤 정보 제공을 받은 경우는 고마움을 나타내는 것이 기본이다. 메일에 의한 문의도 하나의 정보 제공이므로 Thank you very much for~로 감사의 마음을 전하자.

Ex4 답장이 늦었을 때에는 couldn't respond를 사용한다
Because I was attending a meeting for the whole afternoon, I am sorry I couldn't respond to your email right away.
'바로'는 right away를 쓰는 것이 적절하다. 더욱 강조해서 '당장'이라고 말하고 싶을 때는 immediately를 쓴다. 위 예문이 메일 서두에 올 경우는 Because~란 변명조로 문장이 시작되기 때문에 그다지 바람직한 문장이라고 볼 수 없다. 이때는 I am sorry~ Because~의 어순으로 말하는 것이 좋다.

Lesson 03 감사의 마음을 전할 때

Point 1 서두에 전하는 감사의 표현
Point 2 마무리로 전하는 감사의 표현
Point 3 기대감을 전하는 마무리 표현

영문 메일에서는 의례적인 인사말을 생략하고 바로 용건부터 말해도 좋지만, 역시 어떤 식으로 본문을 시작하면 좋을지 고민이 되지 않을 수 없다. 비즈니스 메일이라도 보다 부드럽고 호의적인 분위기의 메일을 보내고 싶다면 상대에게 좋은 인상을 주어 커뮤니케이션을 원활하게 할 수 있는 표현을 배워 보자.

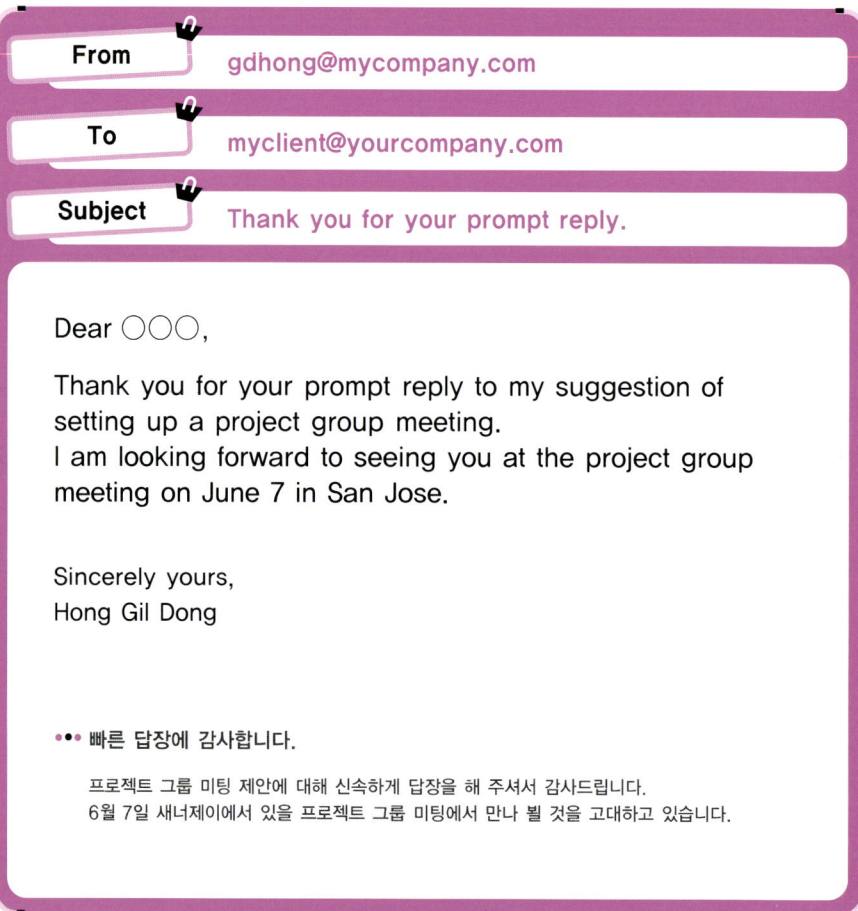

From gdhong@mycompany.com
To myclient@yourcompany.com
Subject Thank you for your prompt reply.

Dear ○○○,

Thank you for your prompt reply to my suggestion of setting up a project group meeting.
I am looking forward to seeing you at the project group meeting on June 7 in San Jose.

Sincerely yours,
Hong Gil Dong

••▶ 빠른 답장에 감사합니다.

프로젝트 그룹 미팅 제안에 대해 신속하게 답장을 해 주셔서 감사드립니다.
6월 7일 새너제이에서 있을 프로젝트 그룹 미팅에서 만나 뵐 것을 고대하고 있습니다.

Point 1 서두에 전하는 감사의 표현

'신속한 답장'은 your prompt reply

> Business E-mail Situation ①
>
> **Thank you for your prompt reply** to my suggestion of setting up a project meeting.
> 프로젝트 그룹 미팅 제안에 대해 신속하게 답장을 해 주셔서 감사드립니다.

Thank you for 뒤에는 감사의 대상이 되는 상대방의 행위를 구체적으로 나타낸다. 순간적으로 생각이 나지 않을 때는 your prompt reply(신속한 답장)를 사용하는 것도 하나의 방법이다.

> Business E-mail Situation ②
>
> **Thank you for sending** the information that I inquired about in my email of August 12.
> 8월 12일자 메일에 문의한 자료를 보내 주셔서 감사드립니다.

서두에서 Thank you for~로 감사의 뜻을 표현하는 것은 의사 전달의 기본으로 영문 메일에서도 가장 많이 사용되는 표현 중 하나다. '~해 주셔서'에서 '~'의 내용은 동명사구를 사용해서 구체적으로 표현할 수 있다.

> Business E-mail Situation ③
>
> **Thank you for your email in which you gave** me precious pieces of advice.
> 귀중한 조언의 메일을 주셔서 감사를 드립니다.

Thank you for의 for 뒤에 your email이란 명사구를 사용해서 그 메일이 어떤 내용이었는지를 in which 안에 구체적으로 쓰는 방법도 있다.

> Business E-mail Situation ④
>
> **Thank you for your inquiry.** Our support engineer should be in touch with you within 10 minutes because I've already informed the support division about the network trouble you are experiencing.
> 문의해 주셔서 감사드립니다. 네트워크에 지장이 생겼다는 의견이셨는데, 지원 부서에 연락했으므로 도와줄 기술자가 10분 내로 연락을 할 것입니다.

'문의해 주셔서 감사드립니다'로 시작한 후 구체적 용건을 쓰는 것은 비즈니스 메일의 정석이므로 외워 두자.

Words
· in touch with ~와 접촉(연락)하여

Point 2 마무리로 전하는 감사의 표현

'~에 협력해 주셔서'는 for your help in ~ing

Business E-mail Situation 1

We thank you very much for your help in getting the information we needed.

당사가 필요로 하는 정보 수집에 협력해 주셔서 대단히 감사합니다.

이 표현은 맺음말 문구로 자주 사용되는 말이다. 직역하면 '~할 때에 당신이 도와 주셔서'가 된다. 이 때, '협력'이란 단어를 직역하여 cooperation in ~ing로 써버리면 ~ing이하에 의해 나타낸 행위가 공동 작업이라는 뉘앙스를 주므로 주의해야 한다.

Business E-mail Situation 2

Thank you for your cooperation in setting up a Web server for AquosTech.

아쿠오스테크사의 웹 서버를 설치하는 일에 협력해 주셔서 감사드립니다.

'협력해 주셔서 감사드립니다'의 행위가 공동 작업이었을 경우에는 cooperation을 쓴다. 그리고 마지막에 '다시 한 번(재차), 감사드립니다'라고 반복해서 감사의 뜻을 전하고 싶을 때는 Again, thank you for~로 쓰면 된다.

Business E-mail Situation 3

I really appreciate all the advice and cooperation you gave me on how to debug our new program.

당사의 새 프로그램의 버그를 수정하는 데 아낌없는 조언과 협력을 해주신 것에 대해 대단히 감사드립니다.

메일 서두에 Thank you for를 써서 감사의 뜻을 이미 전했는데 또 Thank you for를 쓰기 좀 그렇다는 생각이 든다면 다음과 같이 appreciate를 쓰는 것도 하나의 방법이다.

Business E-mail Situation 4

It was very thoughtful of you to forward my email to General Manager Park.

제 메일을 박 부장님에게 전달해 주셔서 많은 도움이 됐습니다.

'도움이 됐습니다'란 말 때문에 help를 사용한 표현을 쓰고 싶겠지만, 상대방의 '배려'에 대한 감사의 뜻을 표현하고 싶을 때는 thoughtful of you를 써야 자연스러운 문장이 된다. 배려의 구체적인 내용은 thoughtful of you 뒤에 to부정사를 써서 나타낸다. 이 부정문의 의미상 주어를 바꾸고 싶은 경우는 you 대신 고유명사나 him/her 등 인칭대명사를 쓰면 된다.

Words
- cooperation 협력, 협동 • appreciate 고맙게 생각하다 • debug 프로그램의 오류를 찾아 고치다

Point 3   기대감을 전하는 마무리 표현

 '~하는 것을 고대하고'는 look forward to ~ing

Business E-mail Situation **1**

I am looking forward to seeing you at the project group meeting on June 7 in San Jose.
6월 7일 새너제이에서 있을 프로젝트 그룹 미팅에서 만나 뵐 것을 고대하고 있습니다.

 look forward to를 현재진행형으로 쓰고, to 뒤에 동명사 ~ing를 쓴다.
동명사 이외에도 look forward to some good news와 같이 명사구를 뒤에 써도 된다.

Business E-mail Situation **2**

Thank you for all that you have done for us the other day to develop our new product. I will be in touch with you soon.
지난번에는 당사의 신제품 개발에 여러 가지로 도움을 주신 점 감사드립니다.
가까운 시일에 또 연락드리겠습니다.

 '~을 고대한다(look forward to~)'는 기대감이나 희망 사항을 표현하는 맺음말의 기본적 표현으로 자주 사용된다. 위 예문처럼 '가까운 시일에 또 연락드리겠습니다'로 끝맺는 방법도 있다. 이것을 단순한 인사말로 하고 싶을 때는 soon이 아닌 in the near future라고 쓰면 된다.

Business E-mail Situation **3**

Thank you for your order of those 3 midsize cars. We are pleased to hear that our estimate was within your range this time. We look forward to the possibility of serving you again.
중형차 3대를 주문해 주셔서 감사합니다. 견적서가 귀사의 허용범위 내에 있다는 것을 알고 상당히 기쁘게 생각합니다. 다음에 또 이용해 주시기 바랍니다.

 상담 메일에서는 look forward to 용법으로 '다음에 또 이용해 주시기 바랍니다'로 써서 이후에 연결될 수 있는 여운을 남기는 것도 좋은 방법이다.

Words
- estimate 견적서   • range 범위   • possibility 가능성

In More Depth 한걸음 더

이메일은 간편하게 의사소통을 할 수 있는 편리함도 있지만 진지한 검토 없이 생각나는 대로 쓴 문장을 바로 발송할 우려도 있다. 이런 실수를 줄이기 위해서는 몇 가지 원칙을 지킬 필요가 있다.

- 한 통의 메일에는 한 가지 주제만 다룬다.
- 문장은 되도록 짧게 쓰고 단어는 쉬운 것으로 사용한다.
- 무례한 표현이 되지 않도록 쓴 후에는 반드시 검토한다.
- 철자 오류가 없는지 체크한다.
- 상대방을 최대한 배려한다. (예: 회사이름이 들어갈 때에는 홈페이지 주소를 같이 쓴다.)
- 첨부할 파일을 첨부했는지 확인한다.

Quiz 이런 경우에는 영어로 어떻게 표현?

Q1. Thank you for _____ _____ _____ to my suggestion of setting up a project meeting.
프로젝트 그룹 미팅 제안에 대해 신속하게 답장을 해 주셔서 감사드립니다.

Q2. We thank you very much for _____ _____ _____ getting the information we needed.
당사가 필요로 하는 정보 수집에 협력해 주셔서 대단히 감사합니다.

Q3. It was very _____ of you to forward my email to General Manager Park.
제 메일을 박 부장님에게 전달해 주셔서 많은 도움이 됐습니다.

Q4. I am _____ _____ _____ seeing you at the project group meeting on June 7 in San Jose.
6월 7일 새너제이에서 있을 프로젝트 그룹 미팅에서 만나 뵐 것을 고대하고 있습니다.

Answer
Q1 your, prompt, reply   Q2 your, help, in   Q3 thoughtful   Q4 looking, forward, to

Exercise 영한 번역 도전!

Ex1. 신제품의 문제를 언급했던 3월 8일자 메일에 대해 신속하게 답장해 주셔서 감사드립니다.

Ex2. 개발 진행 상황을 알려주셔서 고맙게 생각합니다.

Ex3. 저희를 만족시키기 위해 해 주신 모든 것에 대해 깊이 감사드립니다.

Ex4. 다시 귀하와 함께 개발 프로젝트로 만날 수 있기를 고대하며 그때까지 건승하시길 빕니다.

Answer

Ex1 답장 서두의 정석이라고 할 수 있는 Thank you for your prompt reply

Thank you for your prompt reply to my email of March 8 in which I pointed out a problem with our new product.

> Thank you for your prompt reply란 표현을 사용해서 reply를 in which 이하에서 수식하고 있다. 이 해답 문장과 같이 problem은 전치사 with와 함께 사용하는 것도 기억하자.

Ex2 '고맙게 생각합니다'는 help가 아닌 thoughtful of you를 쓴다

It was very thoughtful of you to inform me of how the development went.

> 상대방의 배려에 대해 '고맙게 생각합니다'란 말을 하고 있는 것이므로 thoughtful of you를 사용한다. inform이란 동사가 직접 목적어, 간접 목적어를 가질 경우에는 전치사 of가 필요하다. 따라서 inform me how the development went라고 쓰면 문법적으로 틀린 문장이 된다.

Ex3 Thank you와 appreciate로 감사의 뜻을 표현한다

I really appreciate everything you did to make us satisfied.

> '감사하다'를 appreciate가 아닌 thank you로 쓸 경우에는 thank you very much for everything you did to make us satisfied가 된다.

Ex4 원하는 사항을 말하며 끝맺음을 할 때는 look forward to를 쓴다

I am looking forward to the days when we can work together on the same development project team again. Until then, I wish you the best of luck with everything.

> 원하는 사항을 말하며 끝맺음을 할 때 가장 많이 쓰이는 표현이 look forward to다. 끝 문장에 있는 I wish you the best of luck with everything이란 표현도 마지막 인사말로 자주 사용되는 표현이다.

Lesson 04 부담스러운 내용의 메일을 보낼 때

Point 1 진지하게 사과하는 표현
Point 2 마지막에 다시 한 번 사과하는 표현
Point 3 오랜만에 메일을 보낼 때 쓰는 표현

업무상 메일을 보내다 보면 항상 좋은 내용의 메일만 보낼 수는 없다. 그래서 좋지 않은 내용의 메일을 보낼 때는 더욱 조심스러울 수밖에 없다. 그렇다고 무조건 사과부터 하는 것도 좋지 않다. 이런 경우 쓸 수 있는 적절한 표현을 알아보고, 아울러 소원해진 상대에게 연락을 할 때에 사용할 수 있는 표현도 알아 두자.

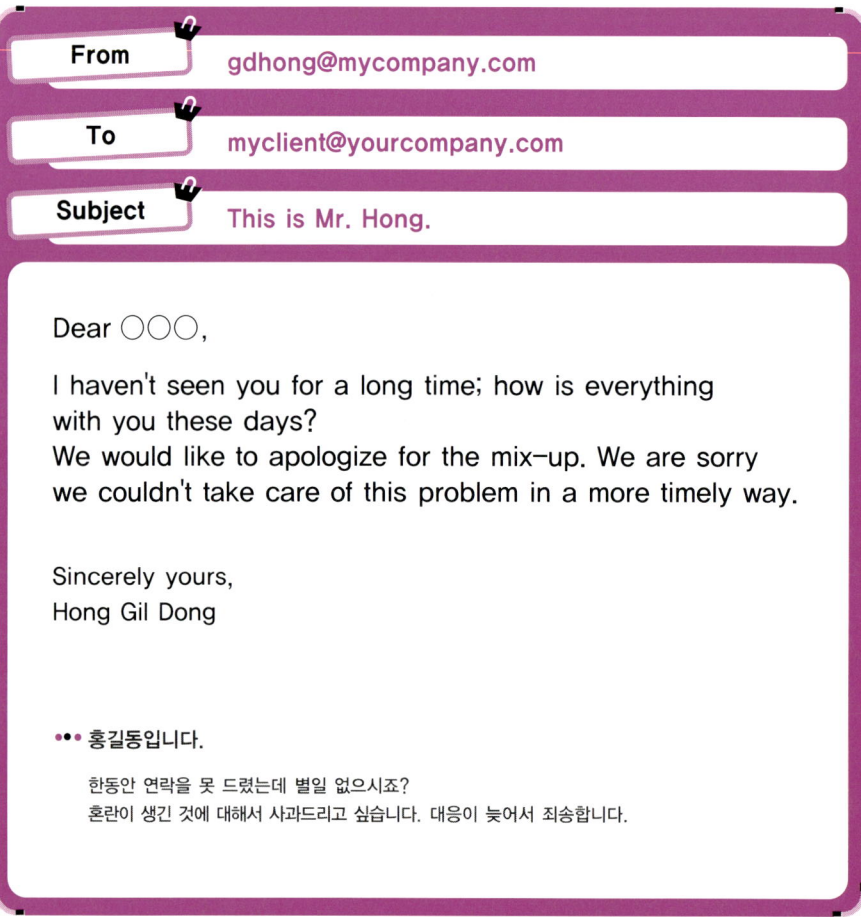

From gdhong@mycompany.com
To myclient@yourcompany.com
Subject This is Mr. Hong.

Dear ○○○,

I haven't seen you for a long time; how is everything with you these days?
We would like to apologize for the mix-up. We are sorry we couldn't take care of this problem in a more timely way.

Sincerely yours,
Hong Gil Dong

••• 홍길동입니다.

한동안 연락을 못 드렸는데 별일 없으시죠?
혼란이 생긴 것에 대해서 사과드리고 싶습니다. 대응이 늦어서 죄송합니다.

Point 1 진지하게 사과하는 표현

 진지하게 사과할 때는 **forgive me for~**로 말한다

Business E-mail **Situation** ❶

Please forgive me for taking so long to develop the Get_User_ Application.c program.

Get_User_ Application.c프로그램의 개발이 늦어진 점을 용서해 주세요.

 '~을 용서해 주세요'의 기본적인 패턴은 forgive me for~다. 자신의 잘못을 진지한 이유로 사과하고 싶을 때 이 표현을 쓴다. 비슷한 표현으로 excuse me for~가 있는데 이 표현은 진지하게 사과할 때 보다는 '~해서 좀 죄송합니다'란 느낌으로 가볍게 사과할 때 사용하는 경우가 많아 위 상황에서는 부적절하다. '개발이 늦어진'의 부분은 '개발하는데 시간이 너무 걸린'이란 의미로 풀이하여 take so long to develop을 쓴다. '지연'에 해당하는 영단어가 delay이므로 forgive me for the delay in developing이라고 써도 되지만, 이렇게 쓰면 '지연'의 부분에 상대의 주의가 집중돼 '열심히 개발하고 있다'는 뉘앙스를 느끼기 어렵게 된다. 어떤 작업이 늦어져서 사과할 때는 take so long을 쓰도록 하자.

Business E-mail **Situation** ❷

Please accept our apologies for the delay in identifying the exact cause of the bug that you kindly reported in your email yesterday. We will keep working on it and will let you know by email as soon as we find something.

어제 메일로 보고 드린 버그의 정확한 원인에 대한 파악이 늦어져서 죄송합니다. 계속 작업을 하면서 원인이 파악되는 대로 연락드리겠습니다.

Please accept our apologies for ~ 로 표현할 수도 있다. for 이하에 사과하는 이유를 적는다.

Business E-mail **Situation** ❸

We are very sorry to inform you that we have overlooked your email of July 11 in which you reported that we were in error in calculating the exact size of the customer database.

우리가 계산한 고객 데이터베이스 사이즈에 오류가 있던 것을 지적해 주신 7월 11일자 귀하의 메일을 보고도 놓쳐버렸습니다. 이에 사과드리며 알려드리는 바입니다.

무언가를 보고도 지나치는 실수는 누구라도 할 수 있는 일이다. 만일 메일을 읽는 것을 깜빡 잊어버린 경우도 have overlooked(보고도 놓쳐버렸다)란 표현을 써서 사과를 한다면 상대방도 화를 많이 내기는 힘들 것이다.

Words
- forgive 용서하다
- identify 확인하다, 식별하다
- exact cause 정확한 원인
- overlook 못 보고 지나치다
- calculate 계산하다

Point 2 마지막에 다시 한 번 사과하는 표현

sorry는 응용 범위가 넓은 사과 표현

Business E-mail **Situation**

We are sorry that we failed to send you the bug report earlier.
버그 리포트를 좀 더 빨리 보내드리지 못한 점 사과드립니다.

 sorry는 가볍게 사과할 때부터 심각한 사죄까지 응용 범위가 꽤 넓은 단어다. '대단한 잘못을 저질러서 마음으로부터 사죄드리고 싶다'는 기분을 전하고 싶을 때는 really로 강조해서 really sorry라고 한다. sorry는 sorry for~나 sorry that~으로도 사용하지만 '전달하지 못한 점을 사과드립니다'와 같이 사죄의 대상이 과거에 발생한 상황일 경우에는 that 뒤에 그 상황을 과거형으로 나타내는 것이 일반적이다. 이 예문을 맺음말에 써서 '다시 한 번 사과를 드립니다'로 말하고 싶을 때는 Again이나 One more time을 앞에 쓴다.

Business E-mail **Situation**

We would like to apologize for the mix-up. We are sorry we couldn't take care of this problem in a more timely way.
혼란이 생긴 것에 대해서 사과드리고 싶습니다. 대응이 늦어서 죄송합니다.

 '대응이 늦어서'라고 지연된 사실에 대해 조금 추상적인 사죄를 나타내는 글로 되어 있지만, 문장의 원래 뜻은 '그 문제에 대해 우리들이 좀 더 신속하게 처리를 못한 점 사과 드립니다'란 말이다. couldn't in a more timely way를 쓰는 것이 진지하게 사과하고 있다는 느낌을 준다.

Business E-mail **Situation**

We are very sorry that we caused this problem and inconvenienced you.
이런 문제를 일으켜 폐를 끼친 점 사과드립니다.

 사과를 하는 구체적 이유를 언급하며 진지하게 표현하고 있다.

Words
- fail 실패하다, ~하지 못하다
- apologize 사과하다, 사죄하다
- mix-up 혼란
- take care of 돌보다, 처리하다
- inconvenience 폐를 끼치다

Point 3 오랜만에 메일을 보낼 때 쓰는 표현

 '오랜만'은 '한동안 만나지 못했다, 연락하지 못했다'로 해석

Business E-mail Situation ①

I haven't seen you for a long time; how is everything with you these days?
한동안 연락을 못 드렸는데 별일 없으시죠?

> '한동안 연락하지 못했습니다'를 '한동안 만나 뵙지 못했습니다'로 해석해서 I haven't seen you for a long time으로 쓴다. 이 표현을 '한동안 연락을 드리지 못했습니다'라고 하는 소식두절이란 의미로 사용하고 싶은 때는 I haven't been in touch with you for a long time이라고 쓴다.

Business E-mail Situation ②

Was it a year age when we exchanged our emails last?
메일을 마지막으로 교환한 것은 1년 전이었나요?

> '한동안 뵙지 못했습니다'나 '한동안 연락드리지 못했습니다'는 기간에 대한 말이 없어 구체적이지 못하다. 이에 비해 마지막으로 언제 연락했는지, 언제 만났었는지를 기억한다면 구체적으로 그 내용을 쓰면서 시작할 수도 있다.

Business E-mail Situation ③

If I can recall correctly, it seems like it has been at least a couple of years since I last saw you in San Jose. Doesn't it?
만약 내 기억이 맞는다면 새너제이에서 마지막으로 만난 것은 적어도 2, 3년 전으로 생각됩니다. 그렇지 않나요?

> 예를 들면 마지막으로 만난 것이 1년 전이었다는 사실을 알고 있다면 의문문이나 가정형을 써서 상대의 기억을 환기시킬 수 있어 더욱 효과적이다.

Business E-mail Situation ④

How have you all been lately?
여러분, 별일 없으시죠?

> 다수의 사람에게 요즘 근황을 묻고 싶을 때 쓴다. 또 이 예문에서 all을 생략하면 한 사람을 상대로 근황을 묻는 표현이 된다.

Words
• exchange 교환하다 • recall 생각해내다, 상기시키다 • correctly 올바르게 • at least 적어도

In More Depth 한걸음 더

간혹 이메일에서 약어를 사용하는 경우가 있다. 알아두면 유익한 약어들을 정리해 보았다.

- a.k.a (also known as) 다른 이름은, 별명은
- Attn. (attention) ~앞
- ASAP (as soon as possible) 가능한 한 빨리
- BFN (bye for now) 그럼 안녕, 그럼 이만
- BTW (by the way) 그런데
- CU (see you) 안녕
- FYI (for your information) 참고로
- IMO (in my opinion) 내 생각에는
- IOW (in other words) 다시 말해서, 즉
- OTOH (on the other hand) 한편
- PLS (please) ~해주세요
- P.S. (postscript) 추신
- TNX, THANX (thanks) 고맙습니다
- TTYL (talk to you later) 나중에 보자
- WRT (with regards to) ~에 관해서

Quiz 이런 경우에는 영어로 어떻게 표현?

Q1. Please ▢▢▢ taking so long to develop the Get_User_Application.c program.
Get_User_Application.c프로그램의 개발이 늦어진 점을 용서해 주세요.

Q2. We are ▢▢ we failed to send you the bug report earlier.
버그 리포트를 좀 더 빨리 보내드리지 못한 점을 사과드립니다.

Q3. ▢▢▢ you for a long time; how is everything with you these days?
한동안 연락을 못 드렸는데 별일 없으시죠?

Answer
Q1 forgive, me, for   Q2 sorry, that   Q3 I, haven't, seen

Exercise 영한 번역 도전!

Ex1. 파일 전송이 늦어서 죄송합니다. 이유를 알게 되는 대로 메일로 연락드리겠습니다.

Ex2. 지적해주신 버그를 수정하는 데에 실패한 것을 알리게 되어 매우 유감입니다.

Ex3. 불편을 끼쳐드린 점 사과드립니다. 문제해결의 대응이 늦어서 죄송합니다.

Ex4. 만약 제 기억이 정확하다면, 같은 프로젝트 팀 멤버로 마지막으로 함께 한 것이 2, 3년 전 같은데요.

Answer

Ex1 심각한 사죄에는 그 나름의 표현을 쓴다

Please accept our apologies for not being able to get the entire file transferred. We will let you know by email as soon as we figure out why.

진지한 사과이므로 Please accept our apologies for를 쓰고 있다. '파일의 전송이 늦어서'는 '파일 전체를 전송하지 못해서'란 의미로 풀이할 수 있다. '늦어서'를 문자 그대로 해석하지 말고 다른 표현으로 사과하는 것은 커뮤니케이션의 하나의 테크닉이다.

Ex2 sorry를 사용한 다양한 사과 방법

We are very sorry to inform you that we have failed to fix the bug you reported.

sorry to inform you that이란 표현을 써서 실패한 사실을 알리는 것도 포함하여 사과한다.

Ex3 사과의 마음을 더욱 강하게 전달한다

We would like to apologize for your inconvenience. We are sorry we couldn't resolve this problem in a more timely way.

'문제해결의 대응이 늦어서'는 '더욱 적절하게 그 문제를 해결하지 못해서'란 의미로 번역했다.

Ex4 소원해진 상대방의 기억을 환기시킬 때

If I can recall correctly, it seems like it has been a couple of years since we worked as a team on the same project.

'같은 프로젝트 팀 멤버로 마지막으로 함께 한 것은'은 '팀으로 같은 프로젝트에서 활동한'이란 의미로 번역했다.

Lesson 05 메일을 마무리할 때

Point 1 빠른 답장을 기대하는 표현
Point 2 의뢰한 내용을 재확인시키는 표현
Point 3 적극적인 협조의 표현

비즈니스 메일을 쓸 때 흔히 '잘 부탁드립니다'로 끝맺는 경우가 많다. 영문 메일의 경우에는 이런 끝인사를 생략해도 된다. 그러나 용건에 대한 구체적인 피드백이 생기도록 하는 것이 원활한 커뮤니케이션의 비결이므로, 재촉하는 느낌을 주지 않는 가벼운 확인부터 보다 강한 재촉까지 상황에 맞는 표현을 알아보자.

From: gdhong@mycompany.com
To: myclient@yourcompany.com
Subject: Thank you very much.

Dear ○○○,

I have received your inquiry of September 20 regarding our development schedule.
Thank you very much for contacting us with your feedback. Please feel free to email us if you have any questions about this in the future.

Sincerely yours,
Hong Gil Dong

••• 감사합니다.
　　당신이 9월 20일에 보낸 개발 스케줄에 대한 메일을 받았습니다.
　　의견을 주셔서 감사합니다.
　　나중에 이에 대한 질문이 있을 때는 주저하지 마시고 메일 주세요.

Point 1   빠른 답장을 기대하는 표현

 빠른 답장을 기대 할 때도 look forward to를 쓴다

Business E-mail Situation **1**

I look forward to your reply to our inquiry of July 12.
7월 12일자 문의에 대해 답장 기다리겠습니다.

 기대나 요구 사항을 표현하는 look forward to가 빠른 답장을 기대할 때도 쓴다. 우리말로는 '기다리겠습니다'지만 wait는 쓰지 않는 게 보통이다. 전에 보낸 메일의 답장이 오지 않을 때는 '~일자 제 문의에 대한 답장'이라고 써서 상대의 기억을 환기시켜 모나지 않게 넌지시 재촉할 수 있다.

Business E-mail Situation **2**

About when you will complete the construction design, please let us know by email promptly.
건축 설계 도면이 언제 완성되는지 즉시 메일로 알려 주시기 바랍니다.

 '~에 대한 답변을 주시겠어요?' 하고 조금 직접적으로 답장을 재촉할 경우는 Could I please have a reply to~라고 쓰기도 한다. 더 강한 어조로 재촉하고 싶을 때는 please reply to~로 쓴다.
빠른 답장을 재촉할 때는 please let us know promptly란 표현도 있다. 단, please let us know로 문장을 시작하면 조금 갑작스러운 느낌을 준다. about 등을 사용해서 먼저 메일의 주제에 대해 언급하는 편이 좋다.

Business E-mail Situation **3**

About the bugs in the program, you need to reply by return email ASAP.
프로그램 버그에 대해 가능하면 빨리 메일로 답해 주시기 바랍니다.

you need to reply는 상당히 강한 어조의 말투로 절박한 상황에만 쓴다. 명령문의 형태는 아니지만 의미적으로는 명령조에 가깝다고 생각하면 된다.

Words
•complete 완성하다 •construction design 건축 설계 •promptly 신속하게 •return email 답신 메일
ASAP (= as soon as possible) 가능한 한 빨리

Point 2 의뢰한 내용을 재확인시키는 표현

 의뢰하고 싶은 내용을 grateful if you could로 자연스럽게 재촉한다

Business E-mail Situation ①

About the program you sent me the other day, because it is not available in Korea, I would be grateful if you could send me another copy soon.

> 지난번에 보내 주신 프로그램은 한국에서는 구할 수 없기 때문에 또 다른 복사본을 바로 보내주시면 고맙겠습니다.

 '지난번에 보내 주신 프로그램'처럼 수식구가 붙은 긴 명사구가 주어일 경우 about 등을 말머리에 꺼내 토픽으로 다루고 나중에 그것을 대명사 it 등으로 받게 하면 가분수 문장을 피할 수 있다.

Business E-mail Situation ②

We appreciate your taking Dr. Hong Kil Dong to SFO.

> 홍길동 박사를 샌프란시스코 공항까지 모셔다 주신다니 귀하의 배려에 감사드립니다.

 이때 '배려'가 호의적인 마음 씀씀이에 초점이 맞춰졌는지, 호의적인 행위에 초점이 맞춰졌는지에 대해 따라 표현이 달라진다. 전자라면 appreciate your kind consideration in ~ing, 후자라면 appreciate your ~ing를 쓴다.

Business E-mail Situation ③

We thank you in advance for your cooperation with our debugging efforts.

> 우리의 디버그 작업에 협력해 주시리라 믿고 미리 감사드립니다.

 이 표현도 의뢰할 때 마지막으로 쓰는 표현으로 사용되는데 상대와 자신의 상하관계를 고려하지 않으면 강요한다는 느낌을 줄 수도 있기 때문에 주의해야 한다.

Words
- available 이용할 수 있는, 입수 할 수 있는 • grateful 고맙게 여기는 • in advance 미리, 전방에서 • effort 노력

Point 3 적극적인 협조의 표현

 '주저하지 말고'는 feel free to로 쓴다

 Business E-mail Situation ①

Please feel free to email us if you have any questions about this in the future.
나중에 이에 대한 질문이 있을 때는 주저하지 마시고 메일 주세요.

'주저하지 마시고 메일 주세요'를 '자유롭게 메일 주세요'로 풀이하여 feel free to를 쓴다. (to 이하는 부정사가 된다.) 관용적으로 자주 쓰는 표현이다. 만약 '주저하다'가 영어로 hesitate이므로 '주저 말고'란 표현을 그대로 쓰고 싶다면 feel free부분을 don't hesitate로 바꿔 써도 된다.

 Business E-mail Situation ②

If you need our help in recovering the damaged file, please do not hesitate to call us at any time.
고장 난 파일 말씀인데요, 복원하는데 우리가 도움이 된다면 언제라도 주저하지 마시고 전화 주세요.

 feel free to~는 '주저하지 마시고 ~하세요'란 뜻으로 please do not hesitate to~로 바꿔 쓸 수 있다.

 Business E-mail Situation ③

If you need additional information about the BasicApplication.c program, please let us know.
BasicApplication.c 프로그램에 대해 더욱 자세한 정보가 필요한 경우에는 연락 주세요.

 약간 변형되긴 했지만 please let~know도 비슷한 표현이다.

 Business E-mail Situation ④

Please contact us by email if you need more machines.
만약 기계가 더 필요한 때에는 메일로 연락 주세요.

'~와 연락을 하다'란 의미로 contact~를 쓰고 있는데 get in touch with~로 써도 의미는 같다.

Words
- feel free to~ 주저하지 않고 ~하다 • recover 복구하다 • damaged 손상된 • hesitate 주저하다
- contact 접촉하다, 연락하다 • machine 기계

In More Depth 한걸음 더

한국어 '잘'을 영어로 옮길 때

'잘 부탁합니다' '잘 전해 주세요' 등 한국어로 '잘'은 맺음말에 자주 사용하는 표현이다. 영문에는 '잘'에 대응하는 정확한 표현이 없지만, 문장에 따라서 다른 표현으로 대체 가능한 경우도 있다.

- Thank you again for your kind assistance. **Please give my best regards to Mr. Gibson.**
  당신의 지원에 대해 다시 한 번 감사 드립니다. Mr.Gibson에게도 안부 잘 전해 주세요.

- When you are ready with the handout file for my presentation, please email a copy of it to Manager Monty Fulghum. **Thank you very much for your help.**
  제 프레젠테이션 용 자료 파일이 준비되는 단계에서 1부를 Monty Fulghum과장에게 메일로 보내 주세요. 잘 부탁 드립니다.

Quiz 이런 경우에는 영어로 어떻게 표현?

Q1. I _____ your reply to our inquiry of July 12.
7월 12일자 문의에 대해 답장 기다리겠습니다.

Q2. About the program you sent me the other day, because it is not available in Korea, I would be _____ send me another copy soon.
지난번에 보내 주신 프로그램은 한국에서는 구할 수 없기 때문에 또 다른 복사본을 바로 보내주시면 고맙겠습니다.

Q3. Please feel _____ email us if you have questions about this in the future.
나중에 이에 대한 질문이 있을 때는 주저하지 마시고 메일 주세요.

Answer
Q1 look, forward, to   Q2 grateful, if, you, could   Q3 free, to

Exercise 영한 번역 도전!

Ex1. 보고서 초안을 언제 제출할 수 있는지에 대한 답장을 기다리겠습니다.

Ex2. 고객으로부터 온 의견과 요구 사항에 대해 귀하께서 호의적으로 배려해 주신 것에 감사드립니다.

Ex3. 저희 회사의 개발 프로젝트에 관해 다른 요구 사항이 있다면 알려 주세요. 언제라도 기쁘게 도와드리겠습니다.

Ex4. 미팅이 필요하다고 생각되실 때는 주저하지 마시고 메일로 연락 주세요.

Answer

Ex1 '답장을 기다리겠습니다'는 look forward to your reply로 말한다

I look forward to your reply to our inquiry about when you will be able to submit the draft report.

> look forward to your reply는 기본적으로 자주 쓰는 표현이다. 또 사전을 보면 submit 외에 present에도 '제출'이란 의미가 있지만, present는 '제시'란 의미의 동사로 쓰는 것이 무난하다. 예를 들면 Please present your photo ID.와 Please submit your photo ID.의 의미는 크게 다르다. 단순히 사진이 포함된 증명서를 제시하는 것이라면 present를 쓴다.

Ex2 '배려에 감사'할 때는 appreciate

We would appreciate your kind consideration in responding to these comments and requests that we have received from clients.

> 여기서는 '배려'를 호의적인 마음 씀씀이로 해석해서 appreciate your kind consideration in ~ing이란 표현으로 쓰고 있다. clients는 '비즈니스 업무상 의뢰인'이란 의미의 고객이다. 넓은 의미의 고객을 표현하고 싶은 경우는 customer를 쓴다.

Ex3 If~, please let us know로 호의를 표현

If you have any request regarding our development project, please let us know because we will be happy to help you at any time.

> '기쁘게 도와 드리겠습니다'는 glad to help you로 써도 된다.

Ex4 '주저하지 마시고'란 말은 feel free to로 표현

Please feel free to email us if you think you need to meet with us.

> '미팅이 필요하다고 생각되는 때에는 언제라도'라고 말하고 싶은 때에는 if를 whenever로 바꾼다. feel free 부분은 don't hesitate로 써도 상관없다.

Lesson 06 — 메일의 송·수신을 확인할 때

Point 1 첨부 파일에 관한 표현
Point 2 메일을 잘못 보냈음을 알리는 표현
Point 3 압축 파일에 관한 표현

업무상 메일 본문을 쓴 후 추가 정보를 첨부 파일로 덧붙여야 하는 경우가 종종 있다. 파일 첨부에 관한 표현은 영문 비즈니스 메일에도 자주 사용되므로 기억해 두면 편리하다. 또한 다른 파일을 잘못 첨부했거나, 실수로 파일을 첨부하지 않고 보낸 경우에 쓸 수 있는 표현과 압축 파일을 푸는 방법에 대해서도 알아두자.

From gdhong@mycompany.com
To myclient@yourcompany.com
Subject You'll need this.

Dear ○○○,

About the file you requested yesterday, I am going to attach to this email.
For your information, attached is a source code file which Mr. Smith created.

Sincerely yours,
Hong Gil Dong

•• 요청한 파일을 첨부합니다.
어제 의뢰하신 파일을 이 메일에 첨부합니다.
참고로 첨부한 파일은 Mr. Smith가 작성한 소스 코드 파일입니다.

Point 1 첨부 파일에 관한 표현

 '~을 첨부합니다'는 Attached is~로 쓴다

Business E-mail Situation ①

Attached is our latest products catalogue.
첨부한 것은 저희 회사의 최신판 상품 카탈로그입니다.

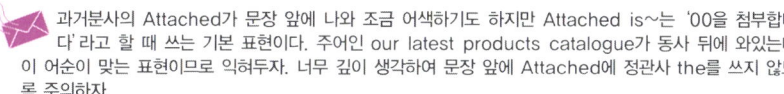

과거분사의 Attached가 문장 앞에 나와 조금 어색하기도 하지만 Attached is~는 '○○을 첨부합니다'라고 할 때 쓰는 기본 표현이다. 주어인 our latest products catalogue가 동사 뒤에 와있는데 이 어순이 맞는 표현이므로 익혀두자. 너무 깊이 생각하여 문장 앞에 Attached에 정관사 the를 쓰지 않도록 주의하자.

Business E-mail Situation ②

Please find attached a file of the system development contract.
시스템 개발 계약서 파일을 1부 첨부합니다.

 '~을 첨부합니다'란 또 다른 기본 표현은 Please find attached~다. Attached is~보다 조금 정중한 느낌을 준다.

Business E-mail Situation ③

About the file you requested yesterday, **I am going attach to this email**.
어제 의뢰하신 파일을 이 메일에 첨부합니다.

단순하게 '이 메일에 첨부합니다'라고 쓰는 방법도 있다. 앞으로 첨부할 파일이 무슨 파일인지를 상대방에게 먼저 알기 쉽게 하기 위해서 About을 사용하면 토픽으로 다룰 수 있다. '의뢰하신 파일'처럼 길게 수식을 받는 명사구를 영문으로 쓸 때 쓰는 표현이다.

Business E-mail Situation ④

For your information, attached is a source code file which Mr. Smith created.
참고로 첨부한 파일은 Mr. Smith가 작성한 소스 코드 파일입니다.

첨부한 이유를 말하고 싶은 경우는 '참고로'로 For your information을 자주 쓰므로 잘 기억해두자. For your information의 생략어는 FYI지만, FYI의 의미는 '참고로'뿐만이 아니다. 예를 들면 for you indirectly(당신에게 직접적으로), for your interest(당신이 흥미가 있다면), fiscal year information(회계연도정보) 등과 같은 의미로도 사용된다.

Words
• attach 첨부하다, 덧붙이다 • latest 최신의, 최근의

53

Point 2 메일을 잘못 보냈음을 알리는 표현

'직전 메일'은 previous email

Business E-mail Situation 1

The file sent in my previous email is the wrong one.
Please use the file attached to this email instead.
직전의 메일로 보낸 파일은 틀립니다. 이 메일에 첨부한 파일을 보세요.

'직전의'에 해당하는 영어는 previous다. 시간적, 순서적으로 '이전의'를 의미하는 단어다. 문장 끝에 있는 instead(대신에)는 문맥상 생략 가능하지만, '대신해서 이 메일을 보세요'라고 분명하게 알리는 것이 나중에 문제가 되지 않을 것 같다고 판단되는 경우에는 생략하지 않는다.

Business E-mail Situation 2

Please excuse me as I made a mistake and sent my previous email without attaching the file I wanted you to take a look at. I am going to resend it now.
귀하께서 보고자 한 파일을 첨부하지 않고 메일을 보내버렸습니다. 다시 보냅니다.

파일 첨부를 하기 전에 깜빡 발송 버튼을 눌러버린 경험이 있는 사람도 많을 것이다. 이럴 때 쓰는 표현이다. 영문을 직역한다면 I sent my previous email~이라고 단순하게 사실만을 쓰는 방법도 있다. 그러나 위와 같이 Please excuse me as I made a mistake라고 먼저 쓰고 '제 실수로 ~해서, 미안합니다'라고 가볍게 사과하는 것이 상대방에게 좋은 인상을 줄 것이다.

Business E-mail Situation 3

I am returning the file which has apparently been forwarded to me by mistake.
파일이 잘못 전송되었다고 생각되어서 반송합니다.

내 앞으로 다른 사람의 메일이 도착했을 때 쓰는 표현이다. '잘못'은 '(누군가의)잘못에 의해'로 받아들일 수 있고, '(누군가의)착오로'로도 받아들일 수 있다. '(누군가의)실수에 의해'라면 by mistake다. '(누군가의)착오로'란 의미라면 accidentally란 부사를 쓴다.

Words
- wrong 잘못된 • excuse 너그러이 봐주다 • mistake 실수 • take a look at ~을 훑어보다 • resend 다시 보내다
- apparently 외관상으로, 분명히

Point 3 　압축 파일에 관한 표현

 '~로 압축을 푼다'는 open it with

Business E-mail Situation ①

Enclosed is a file of the system development contract. You should be able to **open it with** WinZip.

같이 보내는 것은 시스템 개발 계약서 파일입니다. WinZip으로 압축이 풀릴 것입니다.

'~로 압축을 풀다'는 '~을 써서 (파일을)연다'므로 open it with면 된다. '압축을 풀다'를 정확하게 표현하고 싶을 때는 open 대신 expand를 쓰면 된다. Enclosed is~는 무언가를 첨부할 때 관용적으로 쓰는 표현이다.
위 두 문장은 관계대명사를 써서 Enclosed is a file of the system development contract that you should be able to open it with WinZip.과 같이 한 문장으로 바꿀 수 있다. 이 문장은 틀린 것은 아니지만, '압축을 풀 수 있는' 것이 '같이 보낸' 것의 부속개념이 되어 버린다. 중요도가 비슷한 두 개의 개념이 있는 경우 영어 문장에서는 하나의 개념을 하나의 문장으로 표현하도록 하자.

Business E-mail Situation ②

I cannot expand the data file you sent me last week. **In what format has it been compressed**?

1주일 전에 보내온 데이터 파일의 압축이 풀리지 않습니다. 압축 프로그램이 무엇인가요?

 상대방에게서 온 파일의 압축이 잘 풀리지 않을 때 이 표현을 쓴다. '압축 프로그램이 무엇인가요?'를 직역하면 What is the compression format?이다. 그러나 이 문장은 딱딱한 느낌을 주므로 In what format has it been compressed?로 쓴다. 또는 What is the compression format of this file?(이 파일의 압축 프로그램이 무엇인가요?)로 써도 된다.

Business E-mail Situation ③

I am going to compress our latest product catalogue file and mail it to you. **If you cannot open it properly**, please let me know so that I can resend it as soon as possible.

당사의 최신 상품 카탈로그 파일을 압축해서 메일로 보냅니다. 만약 압축이 잘 풀리지 않는다면, 바로 다시 보내드릴 테니 연락 주세요.

 파일을 받은 상대방이 압축을 풀 수 있는 소프트웨어를 가지고 있지 않을 경우를 가정해서 친절하게 쓴 문장이다. '만약 ~이라면, ~할 테니 ~해 주세요'란 표현은 If~, please~ so that~으로 일상회화에서도 자주 사용된다.

 Words
• enclose 같이 보내다, 동봉하다　• expand 압축을 풀다　• compress 압축하다　• properly 올바르게, 정확히

In More Depth 한걸음 더

영문 메일의 생명은 간결하고 쉬운 문장에 있다. 따라서 본문은 가능하면 쉽고 간단한 단어를 사용하는 것이 좋다. 왼편에 나오는 단어와 오른쪽에 나오는 단어를 비교해보자.

단 어	추천단어
ambiguous 애매한	unclear
appoint 지명하다	name
constitute 구성하다	form
demonstrate 나타내다	show
duplicate 복사하다	copy
initiate 시작하다	start, begin
utilize 이용하다	use

Quiz 이런 경우에는 영어로 어떻게 표현?

Q1. _____ is our latest products catalogue.
첨부한 것은 저희 회사의 최신판 상품 카탈로그입니다.

Q2. The file I sent in my _____ is the wrong one. Please use the file attached to this email instead.
직전의 메일로 보낸 파일은 틀립니다. 이 메일에 첨부한 파일을 보세요.

Q3. Enclosed is a file of the system development contract. You should be able to _____ WinZip.
같이 보내는 것은 시스템 개발 계약서 파일입니다. WinZip으로 압축이 풀릴 것입니다.

Answer
Q1 Attached Q2 previous, email Q3 open, it, with

Exercise 영한 번역 도전!

Ex1. 내일 견본으로 사용할 예정인 기능샘플파일을 첨부했습니다.

Ex2. 직전 메일의 본문은 바르지 않습니다. 무시해 주세요.

Ex3. 출석자 명단을 확인하지 않고 잘못해서 보내버리고 말았습니다. 다시 보냅니다.

Ex4. 귀하가 어제 메일로 요청하신 견적서를 압축해서 보냅니다. 만약 압축이 잘 풀리지 않으면 바로 다시 보내드릴 테니 연락 주세요.

Answer

Ex1 '파일을 첨부했습니다'의 기본 표현

Please find attached a file of the sample functions that we plan to use at tomorrow's demonstration.

'파일을 첨부했습니다'는 attached is~ 또는 Please find attached~를 쓰면 된다.

Ex2 호의적인 내용일 때는 glad나 happy를 쓴다

The messages I sent in my previous email are not correct. Please ignore them.

'직전의 메일 본문'은 '직전의 메일로 보낸 메시지'라고 생각하면 된다. '무시하다'는 ignore를 쓴다.

Ex3 잘못 전송했을 때에는 가볍게 사과하면 좋은 인상을 준다

Please excuse me as I made a mistake and sent the list of attendants without checking it. I am going to resend it now.

포인트②에서 소개한 표현을 거의 그대로 쓰면 된다.

Ex4 If~ please~ so that~이 포인트

I am going to compress the estimates you requested by email yesterday and mail it to you. If you cannot open it properly, please let me know so that I can resend it immediately.

If~ please~ so that~의 응용 표현이다. '바로'는 right away나 as soon as possible을 써도 된다.

Lesson 07 메일의 인용·전달기능을 활용할 때

Point 1 간단하게 끝내는 인용 답신 표현
Point 2 '일단 확인했다'는 내용을 전하는 표현
Point 3 메일을 제3자에게 전달할 때 쓰는 표현

상대방의 메일에 대한 답변이 한 마디로 가능하다면 상대방의 문장을 인용하여 간단하게 끝낼 수도 있다. 만약 사정이 생겨 즉시 답장을 보낼 수 없을 때는 '일단 확인했다'는 내용이라도 보내도록 한다. 또한 메일을 제3자에게 보낼 때는 발송의 목적을 밝히는 것이 기본이므로 이에 관한 표현과 매너를 배워 보자.

From: gdhong@mycompany.com
To: myclient@yourcompany.com
Subject: I agree with you.

Dear ○○○,

Thank you for the information. This I agree with you.
[상대방이 보낸 메일 인용]

Sincerely yours,
Hong Gil Dong

••• 동의합니다.
정보, 감사합니다. 아래 내용에 동의합니다.

Point 1 간단하게 끝내는 인용 답신 표현

'동의합니다'는 agree with you, 단 상황에 따라 주의해서 쓴다

Business E-mail Situation

Thank you for the information. This I agree with you.
정보, 감사합니다. 아래 내용에 동의합니다.

'아래 내용에 동의합니다'는 agree with you on the following으로 써도 된다. 그런데 이 표현은 with 이하의 내용에 대해 전면적인 찬성을 의미하는 것으로 오해받기 쉽기 때문에 이럴 경우에 미국인은 I agree with what you wrote except~(귀하가 보내주신 내용 중에 ~제외하고는 동의합니다) 또는 I agree with what you wrote with some reservations(몇 가지 걸리는 점이 있긴 하지만, 귀하가 보내주신 내용에 동의합니다) 등의 부분적인 내용에 동의하는 표현으로 주로 쓴다.

Business E-mail Situation

I will do as you said.
말씀하신대로 하겠습니다.

I will do as you want me to do.
원하시는 대로 하겠습니다.

I will follow your instructions.
지시하신 대로 따르겠습니다.

I will carry the steps you described.
제시하신 순서대로 실행하겠습니다.

Thank you for clarifying the confusion. I understand it now.
혼란스러운 점을 바로잡아 주셔서 감사합니다. 이해했습니다.

OK, I'm fine with the date and place you suggested.
귀하가 제시하신 날짜와 장소, 저도 좋습니다.

위 예문은 단순히 '동의합니다'보다 좀 더 명확한 의미의 답변이다. agree with you(동의합니다)는 앞서 말한 대로 편리한 표현이긴 하지만 '귀하가 제시하신 내용, 동의하므로 그렇게 하겠습니다' '문제에 대한 설명, 잘 알겠습니다' '말씀하신 대로 하겠습니다' 등으로 받아들여 자칫하면 오해의 소지가 생길 수 있는 표현이다. 영어의 경우 직접목적어를 거의 생략하지 않기 때문에 명확하게 '~에 대해 이해했습니다' '~에 대해 원하시는 대로 따르겠습니다' 등으로 쓰는 것이 커뮤니케이션상의 문제를 피할 수 있다.

Words
- agree with + 사람 ~에 동의하다
- follow 따르다
- instruction 지시
- describe 묘사하다, 설명하다
- confusion 혼동, 혼란
- understand 이해하다
- suggest 제안하다

 **Point 2** '일단 확인했다'는 내용을 전하는 표현

 get on it은 자주 사용하는 편리한 표현이다

Business E-mail Situation **1**

Thank you for your information. I will get on it right away.
정보, 감사합니다. 바로 처리하겠습니다.

 학교에서 영어를 배울 때 get on it은 '(it가 나타내는)탈 것에 타다'나 '출발하다'란 의미로 배웠을 것이다. 그러나 그것과 거의 비슷하리만큼 자주 사용하는 의미로 '~을 시작하다'나 '(일 등의)~을 척척 진행하다'가 있다. 시작하는 대상이 무엇이든 대명사는 항상 it이므로 적당히 얼버무릴 수가 있어 한마디로 끝내고 싶은 답변 등에 사용하는 편리한 표현이다.

Business E-mail Situation **2**

OK, in that case, I will send Mr. Brown to your office tomorrow.
그럼 그런 내용이시라면, 내일 브라운씨를 귀하의 사무실에 파견하겠습니다.

 위 표현은 '일단 확인했다'는 사실을 알려주고 싶을 때 도움이 되는 표현이다. '그런 내용이시라면'은 '그것이 귀하가 원하시는 바라면'이라고 풀이할 수 있다. 이 경우는 if that you want를 쓴다.

Business E-mail Situation **3**

I am kind of occupied right now. I will send a mail in about 2 hours.
지금 좀 바쁩니다. 약 2시간 후에 메일 보내겠습니다.

 '좀 바쁘다'는 occupied(손이 묶여있다)를 쓰는 것이 busy보다 부드러운 느낌을 준다. 어느 정도 시간이 걸릴지 확실하게 알 수 없을 때에는 I will get back to you later(나중에 연락하겠습니다)로 바꿔서 쓰면 된다.

Words
• in that case 그런 경우(상황)라면 • kind of 거의, 약간 • occupied 바쁜, 사용 중인

Point 3   메일을 제3자에게 전달할 때 쓰는 표현

📧 메일을 '보냈습니다'는 forward

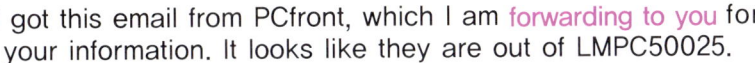

Business E-mail Situation ❶

I got this email from PCfront, which I am forwarding to you for your information. It looks like they are out of LMPC50025.

피씨프론트사로부터 아래 내용의 메일이 왔습니다. 참고로 보냅니다.
아무래도 LMPC50025는 품절인 것 같습니다.

✉️ 받은 메일을 전달할 때 제목 앞에 나오는 'Fw:'는 forward의 약자이다.

Business E-mail Situation ❷

I got the following reply from Richard. Is it possible for you to talk to him and have the car repaired sooner? Hopefully, by the end of this week.

리처드로부터 아래 내용의 답장이 있었다. 자동차를 빨리 고쳐줬음 한다고 네가 말해주길 바란다.
가능하면 이번 주 중까지.

✉️ 제3자에게 메일을 보낼 때 예다. 단순히 '참고로' 보내는 것이 아니라 무언가 해주길 바랄 때는 그 이유를 쓰도록 하자.

Business E-mail Situation ❸

I hate to bother you with this email from John, which I am forwarding to you now, but I really felt I should write…

지금 존으로부터 온 메일을 너에게 보내는데, 이 메일로 너를 귀찮게 하고 싶지는 않지만 연락해야 좋을 것 같아서……

✉️ '너를 귀찮게 하고 싶지 않다'는 don't want to bother you~로도 쓸 수 있지만, '그래도 어쩔 수 없이 귀찮게 할 수밖에 없습니다'란 뉘앙스를 주고 싶을 때는 hate(싫어하다)란 동사를 사용한다. 그러면 '정말로 미안해하고 있다'는 기분이 문장에 잘 드러난다.

Words
- hopefully 바라건대 • by the end of this week 이번 주말 까지는 • bother 괴롭히다, 귀찮게 하다

In More Depth 한걸음 더

전송 메일의 원래 발신자에 대한 배려도 필요

회사 외부로부터 온 메일의 용건이 자신의 담당이 아닌 관계로 사내의 적당한 담당자에게 전송해서 처리를 부탁할 경우도 있다. 그러나 원래 발신자는 직접 알지도 못하는 사람에게 답장이 오거나 하면 깜짝 놀랄지도 모른다. 전송한다는 취지의 말을 한마디 적어서 양해를 구할 필요가 있는 대목이다.

> • I received the following email from you but it is Mr. Hong Kil Dong who is in charge of the System Development Contract 123A in this System Development Group. I took the liberty of forwarding your email of July 27 to him, Could that be OK with you?
>
> 귀하로부터 아래 내용의 메일을 받았습니다만, 저희 시스템 개발 그룹 내에서 시스템 개발 계약 123A의 담당자는 홍길동씨이므로 제 재량으로 귀하의 7월 24일자 메일을 그에게 전송했는데 괜찮으시겠어요?

또는 담당자에게 전송할 때 CC로 원래 발신자에게도 같은 문장을 보내는 방법도 있다. 어떤 방법이든 적당한 배려의 한마디를 잊지 않도록 하자.

Words
• receive 받다 • following email 다음의 (아래에 설명하는) 이메일 • in charge of 담당의
• take the liberty of 재량으로, 실례를 무릅쓰고

Quiz 이런 경우에는 영어로 어떻게 표현?

Q1. Thank you for the information. This I ▨▨ ▨▨ you.
정보, 감사합니다. 아래 내용에 동의합니다.

Q2. Thank you for your information. I will ▨▨ ▨▨ ▨▨ right away.
정보, 감사합니다. 바로 처리하겠습니다.

Q3. I got this email from PCfront, which I am ▨▨ ▨▨ for your information. It looks like they are out of LMPC50025.
피씨프론트사로부터 아래 내용의 메일이 왔습니다. 참고로 보냅니다. 아무래도 LMPC50025는 품절인 것 같습니다.

Answer
Q1 agree, with   Q2 get, on, it   Q3 forwarding, to, you

Exercise 영한 번역 도전!

Ex1. 그럼 그런 내용이시라면 다음 주 귀하의 사무실에 가겠습니다.

Ex2. 프로그램의 버그를 지적해 주셔서 감사합니다. 바로 처리하겠습니다.

Ex3. 이것이 John의 버그 리포트를 포함한 파일입니다. 참고로 보냅니다.

Ex4. Richard로부터 다음과 같은 내용의 답장이 왔습니다. 그들의 문제를 어떻게 해결해 줄 수 있을까요? 잘 부탁합니다.

Answer

Ex1 정식적인 대응은 나중에 하고 '확인했다'는 사실을 전달할 때의 표현

OK, in that case, I will pay a visit to your office next week.

'귀하의 사무실에 찾아가겠습니다'는 visit you at your office로도 쓴다.
이 경우 visit you at Mr.Park's office(박씨의 사무실로 찾아가 당신을 뵙겠습니다)처럼 말할 때도 편리하다.

Ex2 '처리하다'의 편리한 관용구를 기억해두자

Thank you for reporting me a bug of the program. I will get on it right away.

포인트②에서 배운 편리한 관용구 get on it를 쓰면 된다.

Ex3 '참고로'는 for your information

This is a file that contains John's bug report, which for your information I am forwarding to you.

이 문장에서는 'John's bug report를 포함한 파일'이 다수 있을 가능성도 충분히 생각할 수 있기 때문에 file에 붙이는 관사는 the가 아닌 a다.

Ex4 발송 메일의 의도를 명확하게 설명하자

I got the following reply from Richard. Can you do something about their problem? Thank you for your help.

이 문장에서 '잘 부탁드립니다'는 '귀하의 호의에 감사합니다'를 미리 말하는 표현이라고 해석할 수 있으므로 Thank you를 쓰고 있다.

# Business E-mail

10분 투자로 영문 메일의 달인 되는 법

Part 2의 목표는 일상적인 업무에서 자주 사용하게 되는 영문 메일 특유의 표현을 배우는 것이다. 비즈니스 메일에서 많은 부분을 차지하는 정보·자료·물품의 접수와 수령에 관한 표현, 각종 보고나 통지에 관한 표현 등이다. 또한 메일은 미팅 약속을 잡거나 회의 통지, 출석 여부 확인, 프로젝트의 진행 관리 등에도 자주 쓰인다. 일정을 조정하거나 확인, 변경할 때 즉시 처리할 수 있고, 기록으로 남길 수 있기 때문이다. Part 2에서는 이렇듯 업무상 빈번하게 발생되는 다양한 상황에 자신 있게 대응할 수 있는 표현들을 소개하였다. 아울러 각종 문의에 관련된 처리나 상대에게 무언가를 의뢰할 때 쓰는 표현들도 함께 담았다. Part 2의 '실무편'을 마스터 한다면, 각종 실무에서 상황에 따라 원하는 표현을 자유롭게 쓸 수 있을 것이다.

실무편 Part 2

- Lesson 08 메일을 처음 보낼 때
- Lesson 09 정보나 자료를 요청 받았을 때
- Lesson 10 물품 등을 보내고 받을 때
- Lesson 11 관계자에게 통지할 때
- Lesson 12 부재중인 이유를 알릴 때
- Lesson 13 회의를 주재할 때
- Lesson 14 이벤트에 초대할 때
- Lesson 15 정보를 수집할 때
- Lesson 16 방문을 요청할 때
- Lesson 17 만날 약속을 조정할 때
- Lesson 18 프로젝트를 진행할 때
- Lesson 19 프로젝트에 문제가 발생했을 때
- Lesson 20 문의 사항을 접할 때
- Lesson 21 확인을 하고 싶을 때
- Lesson 22 호의적인 마음을 전할 때
- Lesson 23 무언가를 요구할 때
- Lesson 24 조언이 필요할 때

Lesson 08 — 메일을 처음 보낼 때

Point 1 자신이 누구인지 알리는 표현
Point 2 누구에게 소개 받았는지 알리는 표현
Point 3 연락처를 어디에서 받았는지 알리는 표현

전혀 모르는 사람에게서 메일이 도착하면 당황하거나 긴장할 수 있다. 따라서 메일을 처음 보낼 때는 올바른 문장으로 자기소개를 하는 것이 기본이다. 또한 누구에게 소개 받았는지, 연락처를 어떻게 알게 되었는지 등을 명확히 알리는 것이 좋다. 8과에서는 처음 메일을 보낼 때 쓸 수 있는 자기소개 표현을 알아보자.

From: gdhong@mycompany.com
To: myclient@yourcompany.com
Subject: Hello!

Dear ○○○,

My name is Hong Gil Dong. Currently I am working for Livermore Cluster Tech Co.

Sincerely,
Hong Gil Dong

••• 안녕하세요!
저는 홍길동입니다. 현재 Livermore Cluster Tech 에서 근무하고 있습니다.

Point 1 자신이 누구인지 알리는 표현

자기소개는 My name is가 일반적이다

Business E-mail Situation **1**

My name is Hong Gil Dong. Currently I am working for Livermore Cluster Tech Co.
> 저는 리버모어 클러스터 테크사의 홍길동입니다.

I am John Doe of ABC Co.(저는 (주)ABC의 John Doe입니다)와 같은 표현도 틀린 것은 아니지만 이 같은 자기소개에서는 My name is~를 쓰는 것이 일반적이다. '~회사의 누구누구'의 부분은 '현재 ~ 회사에서 일하고 있는'이라고 쓰면 된다.

Business E-mail Situation **2**

My name is Hong Gil Dong ; I am a system engineer at UI Communications.
> 저는 유아이 커뮤니케이션스에서 시스템엔지니어로 일하고 있는 홍길동이라고 합니다.
> 또는 저는 유아이 커뮤니케이션스 사의 시스템엔지니어로, 홍길동이라고 합니다.

한국어로는 '저는~ 회사의~ 누구누구라고 합니다'와 같이 하나의 문장으로 자신을 소개하지만 영어에서는 두 개의 문장으로 말하는 것이 자연스럽다. 두 개의 문장은 보통 and 등 접속사를 넣어 연결하지만 두 개의 문장의 의미가 논리적으로 밀접한 관계가 있다고 생각되는 경우는 세미콜론(;)을 넣어 연결해도 된다.

Business E-mail Situation **3**

I am Park Ji Sung. I am with ABC Co. now, but I used to be with UI Communications.
> 저는 박지성입니다. 현재 ABC 사에서 일하고 있으며, 전에는 유아이 커뮤니케이션스에서 근무했습니다.

'I am + 이름'으로 자신을 소개하는 방법도 있다. 또 with를 사용하여 근무하고 있는 곳을 표현한다.

Words
- currently 지금은, 현재는
- used to be~ 이전에는 ~였다

Point 2 누구에게 소개 받았는지 알리는 표현

 '소개받은'은 be introduced to you

Business E-mail Situation ①

I am writing this email because I was introduced to you by our regional manager at our San Jose office.
당사 새너제이 사무실의 지역 담당 매니저 소개로 이 메일을 씁니다.

 '당신을 ~에 소개받은'은 be introduced to you by~ 또는 be referred to you by~와 같이 쓴다. '~에게 당신에 대해 들었다'란 뉘앙스가 강한 경우는 refer로 쓰는 것이 좋다.
'지역 담당 매니저'는 regional manager 외에도 district manager나 area manager 등이 있다. 담당 면적의 범위에 따라 구분해서 사용하는데 예를 들면 '이 범위라면 area를 쓴다'는 (언어적, 사회적 공통의) 일반적인 규칙은 없다.

Business E-mail Situation ②

I learned your email address from Chief Engineer Smith of AnnexInfo Co. in Hayward, CA.
당신의 메일 주소는 캘리포니아 주 헤이워드 시에 있는 주식회사 아넥스인포의 스미스 주임기사로부터 들었습니다.

 be introduced나 referred를 사용해서 '누구누구에게 소개받은'이란 기본 표현대로 영문을 쓰지 않아도 '당신의 메일주소는 누구누구로부터 들었습니다'라고 메일 첫 부분에서 건드려주면 '아아~ 소개받았구나'라고 상대방이 생각할 것이다. learn은 '듣다'에 가까운 뉘앙스를 준다.

Business E-mail Situation ③

I got your email address from Mr. Henry of ClusterShell, whom I met at the Internet Conference in San Jose last month.
당신의 메일 주소 말인데요, 이것을 나에게 알려준 사람은 지난 달 새너제이에서 개최된 인터넷 회의에서 만난 클러스터쉘 사의 헨리입니다.

 '누구누구'의 부분이 '지난 달 새너제이에서 개최된 인터넷 회의에서 만난'과 같은 설명문으로 수식된 경우는 그 부분을 관계대명사절로 나타낼 수도 있다. (선행사가 Henry 같은 고유명사인 경우는 관계대명사 직전에 콤마(,)를 넣는다.)

Words
• introduce 소개하다   • last month 지난 달

 **연락처를 어디에서 받았는지 알리는 표현**

메일 주소를 '받은'은 get을 쓴다

Business E-mail **Situation 1**

Hi, I'm Hong Gil Dong. I got your email address from John Wordsworth, our chief engineer.
안녕하세요. 저는 홍길동이라고 하는데, 당신의 메일 주소는 당사 주임 엔지니어인 존 워드워스에게 받았습니다.

 '당신의 메일 주소를 받았습니다'의 '받다'는 '(어떤 지식이나 정보를)받다'는 의미에 가깝기 때문에 get your email address from을 쓴다. learn을 써도 틀린 것은 아니다.

Business E-mail **Situation 2**

I found the email address and the telephone number of your company in the Web page of BayTech Co.
귀사의 메일 주소와 전화번호는 베이테크 사의 웹페이지에서 봤습니다.

 첫 대면인 사람에게도 가볍게 자신의 메일 주소를 가르쳐주는 사람이라 할지라도 낯선 사람에게서 메일이 오면 '이 사람이 어떻게 내 주소를 알았지?'란 의문을 가질 것이다. 요즘은 스팸 메일이 많아서 더욱 그럴 것이다. 안면이 없는 사람에게 처음 메일을 보낼 때는 연락처를 어디서 알게 됐는지를 메일의 첫 부분에 간단하게 밝히도록 하자.

Business E-mail **Situation 3**

I got your email address from your webpage, which I found by following a link from ClusterShell's website.
난 당신의 이메일 주소를 클러스터쉘사의 웹사이트에 연결된 귀사의 웹페이지를 통해서 알게 되었습니다.

 상대의 웹페이지에서 알게 된 주소라고 하더라도 좀 더 구체적으로 그 경위를 설명해주면 받는 사람 입장에서 거부감이 덜 하게 될 것이다.

Words
• chief engineer 주임 엔지니어 • link 링크, 연결

In More Depth 한걸음 더

처음 메일을 보내는 상대방의 성별을 알 수 없을 때의 표현

비즈니스 메일에서는 누구 앞으로 보내는 것인지 확실하게 알게 하는 것이 중요하므로 우리말의 '~님'에 해당하는 인사말을 생략하는 일은 없다. Mike Smith라는 이름의 사람에게 격식을 차려서 처음으로 메일을 보내는 경우라면, 상대가 남성이면 'Dear Mr. Mike Smith.'로 쓴다. 만약 상대가 여성이라면 Mrs.(기혼), Miss.(미혼), Ms.(둘 다 가능)를 쓸 수 있는데, 미국에서는 Ms.가 일반적이므로 메일에도 'Ms.'를 쓰는 것이 무난하다. 문제는 이름밖에 없어서 상대방의 성별을 모를 때다. 예를 들면 Greer, Jessie, Kendall, Lindsay, Noel, Timothy 등과 같은 성은 남성과 여성이 동시에 쓴다. 이와 같은 경우는 아래의 표현을 써서 넘어가도록 하자.

성만으로 성별을 알 수 있거나 이름 전체를 아는 경우

인사말을 생략해서 Dear Greer, Dear Greer Johnson, 또는 Dear G. Johnson과 같이 쓴다. 시작 부분의 Dear는 꼭 필요하다. 이것을 빼면 반말을 하는 느낌을 줄 수 있으므로 상대방에게 반감을 살 위험성이 있다.

이름밖에 모를 경우

만약 상대방의 계급이나 직위를 안다면 그것을 인사말 대신에 넣어 'Dear General Manager Johnson.'과 같이 쓴다.
상대의 계급이나 지위를 모를 때는 먼저 'Dear Mr., Mrs. or Ms. Johnson.'이라고 써서 다음 한 줄을 쓰고 용건에 들어가면 된다.
I am sorry that I couldn't figure out what title is best in addressing you. I hope that you will forgive me with this rather informal salutation.

Quiz 이런 경우에는 영어로 어떻게 표현?

Q1. _____ Hong Gil Dong. Currently I am working for Livermore Cluster Tech Co.
저는 리버모어 클러스터 테크사의 홍길동입니다.

Q2. I am writing this email because I was _____ by out regional manager at our San Jose office.
당사 새너제이 사무실의 지역 담당 매니저 소개로 이 메일을 씁니다.

Q3. Hi, I'm Hong Gil Dong. I _____ from John wordsworth, our chief engineer.
안녕하세요. 저는 홍길동이라고 하는데, 당신의 메일 주소는 당사 주임 엔지니어인 존 워드워스에게 받았습니다.

Answer
Q1 My, name, is Q2 introduced, to, you Q3 got, your, email, address

Exercise 영한 번역 도전!

Ex1. 저는 홍길동이라고 합니다. SoftCare 주식회사 시스템 세일즈부의 차장으로, 시스템 개발 영업을 주로 담당하고 있습니다.

Ex2. 안녕하세요. 당신의 메일은 RainbowSoft의 Mr. Smith에게 전화해서 받았습니다.

Ex3. 귀사 URL은 Lexus-Texas의 데이터베이스에서 봤습니다.

Ex4. 귀사가 개발 중인 서버 소프트웨어에 대해서는 (주)LexusWebCom의 Stanley 사장에게서 들었습니다.

Answer

Ex1 자기소개의 기본 표현으로 시작한다

My name is Hong Gil Dong. I am working for SoftCare Co. as an assistant director of the system sales division. I am mainly responsible for generating system development sales.

> be responsible for~의 사전적 의미는 '~의 책임자'지만, 한국어로는 그 회사의 책임자라도 조금 겸손하게 '~의 담당을 하고 있습니다'라고 쓰는 경우가 많다. 문자 그대로 '~의 담당을 하고 있습니다'라고 말하고 싶을 때는 be in charge of~가 된다.

Ex2 '받은'은 get을 쓴다

Hello. I got your email address by calling Mr. Smith of RainbowSoft.

> '안녕하세요'는 Hello 대신 Hi를 써도 상관없다. 어느 쪽이든 비슷한 정도의 친밀감을 나타낸다.

Ex3 연락처를 어디에서 알았는지 가볍게 알려준다

I found your company's URL in the Lexus-Texas database.

> 비공개적인 URL에 언급한 경우는 그것을 어떻게 봤는지(혹은 알았는지)를 가볍게 써두면 상대방에게 불필요한 경계심을 갖게 하지 않고 지나갈 수 있다.

Ex4 '듣다'를 learn으로 쓴다

I learned about the server software that your company has been developing from president Stanley of LexusWebCom Co.

> '귀사가 개발 중인 서버 소프트웨어'는 동사 develop을 써서 현재완료 진행형으로 나타낸다. 또 '서버 소프트웨어는 개발 중입니다'와 같이 개발하고 있는 주체가 누구인지 알 수 없는 표현을 번역할 때는 under development를 써서 The server software is under development라고 쓸 수도 있다.

Lesson 09 정보나 자료를 요청 받았을 때

Point 1 정보나 자료를 보낼 때 쓰는 표현
Point 2 부드럽게 거절할 때 쓰는 표현
Point 3 나중에 별도로 보낼 때 쓰는 표현

비즈니스를 하다 보면 메일을 통해 각종 정보나 자료의 제공을 요구받는 경우가 종종 있다. 그리고 때로는 상대의 요구를 들어줄 수 없는 경우도 있다. 이럴 경우 상대가 불쾌하지 않도록 정중한 표현을 써야 한다. 정보나 자료를 요청 받았을 때 각각의 경우를 구분하여 상황에 맞게 대응할 수 있는 다양한 표현들을 배워 보자.

From: gdhong@mycompany.com
To: myclient@yourcompany.com
Subject: You'll need this.

Dear ○○○,

We are pleased to email our price list that you requested in your email of March 15.
We are sending it as an email attachment.

Sincerely,
Hong Gil Dong

••• 요청한 파일입니다.

고객님이 3월 15일에 메일로 요청하신 가격표입니다.
첨부파일로 보냅니다.

Point 1 정보나 자료를 보낼 때 쓰는 표현

 요구 받은 것을 보낼 때는 **you requested**를 붙인다

Business E-mail **Situation**

We are pleased to email our price list that **you requested** in your email of March 15. We are sending it as an email attachment.
3월 15일에 메일로 요구하신 가격표에 관한 메일입니다. 첨부파일로 보냅니다.

상대의 요구나 문의에 응해 무언가를 보낼 때는 you requested~로 보내는 것을 수식하고 '~' 부분에 날짜 정보를 포함하는 것이 답변 문장의 기본 패턴이다. '3월 15일 메일로 요구하신'은 requested with your email on March 15로도 쓸 수 있다. '~을 첨부파일로 보냅니다'는 send~ as an email attachment로 쓴다. 또 상대에게 요구받은 정보나 자료를 보낼 때는 be pleased to~(기꺼이 ~합니다)로 답하는 것이 좋은 인상을 준다.

Business E-mail **Situation**

As for a copy of our test report you requested, **I am going to attach it to this email**.
요구하신 저희 테스트 보고서의 복사본 말인데요, 본 메일에 첨부합니다.

'보낸다'는 send 외에도 attach(첨부해서 보낸다), ship(물품을 발송한다)로 구분해서 쓴다. '정보'는 information으로 거의 통하지만, '(무언가의)참고 자료'란 의미의 '자료'라고 말하고 싶을 때는 reference material이라고 쓴다. '자료'가 '어떤 정보' 정도의 의미라면 information으로도 괜찮다.

Business E-mail **Situation**

In response to your inquiry about the damaged parts you received, we will immediately reship the goods at our cost.
손상부분에 관한 문의입니다만, 당사의 부담으로 즉시 손님 앞으로 재발송하도록 하겠습니다.

 '문의에 응하여 보냅니다'란 뉘앙스를 포함해서 '~에 관한 문의입니다만'이라고 말하고 싶은 경우는 in response to~를 쓴다.

Words
• as for ~에 관한 한은 • damaged parts 손상된 부분 • reship 다시 발송하다 • at our cost 당사의 부담으로

Point 2 부드럽게 거절할 때 쓰는 표현

 '죄송합니다만'은 I am sorry, but으로 OK

Business E-mail **Situation** 1

I am sorry, but I can't tell you anything about the new product's test results.

죄송합니다만, 신제품 테스트 결과는 알려드릴 수 없습니다.

> I am sorry, but~은 상대방의 요구를 거절할 때의 기본 표현 중 하나다. '정말 죄송합니다만'이라고 해명하듯이 말하고 싶을 때는 I regret to say that~를 쓴다. '알려드릴 수 없습니다' 부분을 '~은 발설하지 않도록 되어 있습니다'라고 바꿔 말하고 싶을 때는 I am supposed to keep~ to myself로 쓴다.

Business E-mail **Situation** 2

I wish I could help you, but I don't know anything about what the Export module development group is doing.

도움이 되어드리고 싶지만, 엑스포트 모듈 개발 그룹이 무엇을 하는지에 관해서 저는 아무것도 모릅니다.

> '~하고 싶은 마음은 있지만'을 의미하는 I wish I could~, but을 기억해 둔다면 부드럽게 거절할 수 있다.

Business E-mail **Situation** 3

I am afraid that we don't have the information you requested. If you wish, you can get in touch with LinkPack directly. Their email address is info@LinkPack.com.

안됐지만, 요청하신 자료는 당사에 없습니다. 괜찮으시다면 링크팩사에 직접 문의해 주세요. 메일 주소는 info@LinkPack.com입니다.

> '안됐지만'은 I am afraid that으로 표현한다. 사과나 동정의 뉘앙스를 나타내고 싶을 때는 I am sorry that~을 쓴다.

Words
• I am afraid that ~ 안됐지만, 유감이지만   • directly 직접적으로

Point 3   나중에 별도로 보낼 때 쓰는 표현

'별도의 메일'은 separate email

> Business E-mail Situation 1
>
> I am attaching a technical file and will send a sales spreadsheet file in a separate email tomorrow.
>
> 기술 파일을 이 메일에 첨부하고, 영업 스프레드시트 파일은 내일 별도로 다시 보내겠습니다.

'별도의 메일'은 separate email이다. 유사 표현으로는 '나중에 ~을 보내겠습니다'는 send~ later, '오늘 있다가 ~을 보내겠습니다'는 send~ later this day가 된다.

> Business E-mail Situation 2
>
> I now send you a list of prices and discounts only and a list of shipping and handling costs will follow.
>
> 지금은 가격과 할인 목록만 보내고 발송 수수료 목록은 나중에 보내겠습니다.

'나중에 보내겠습니다'란 표현은 will follow를 쓴다.
앞부분의 '지금은~'의 시제는 현재로, 뒷부분의 '~은 나중에 보내겠습니다'의 시제는 미래로 한다.
뒷부분은 I will send~ later로도 같은 의미가 된다.

> Business E-mail Situation 3
>
> If you can tell me which program isn't working properly, I can send you a new copy of it at a later date.
>
> 어느 프로그램이 이상 작동을 하고 있는지를 알려주시면 나중에 새로운 복사본을 보내겠습니다.

'~해 주시면'과 if 이하로 상대방에게 조건을 제시한 후에 '~할 수 있습니다'로 덧붙이면 '~' 부분이 불가능한 점에 대한 책망을 면할 수 있다. 이 표현은 의뢰 받은 용건을 가볍게 거절할 때도 쓴다.

Words
- a list of ~의 목록(표) • shipping and handling costs 발송수수료 • at a later date 나중에

In More Depth 한걸음 더

자신보다 전문가인 다른 사람을 소개한다

무언가 정보나 조언을 요구 받았을 때 자신이 적임자가 아니라고 판단된다면 다른 지인을 소개하자. 소개한 상대방도 인맥이 넓어지므로 상호 이익이 될지도 모른다.

- I think that Mr. Lester Grant **is more qualified than I am to answer your questions** because he has an excellent background in the field of grid computing.
  레스터 그랜트는 그리드 컴퓨팅 분야에 정통한 사람이므로 당신의 질문에 답하는데 저보다 적임자라고 생각합니다.

- **Why don't you email your question** to Dr. Hiramatsu **because he is our specialist in** mobile computing and ubiquitous networking?
  모바일 커퓨팅과 유비쿼킹 네트워킹 분야의 전문가는 히라마츠 박사이므로 그에게 메일로 질문을 해보는 것은 어떠신지요.

- I thought that Mr. Luke Silversteen, our chief programer, **is more knowledgeable than I**. So, I forwarded your email to him and **asked him to answer it**.
  주임 프로그래머 루크 실버스틴 씨가 저보다 많이 알고 있으므로 당신의 메일을 전송해서 당신의 질문에 답하도록 부탁해뒀습니다.

Words
- qualified 적격의, 자격 있는, 훌륭한
- in the field of ~의 분야에
- specialist 전문가
- knowledgeable 아는 것이 많은

Quiz 이런 경우에는 영어로 어떻게 표현?

Q1. We are pleased to email our price list that _____ _____ in your email of March 15. We are sending it as an email attachment.
3월 15일에 메일로 요구하신 가격표에 관한 메일입니다. 첨부파일로 보냅니다.

Q2. _____ _____, but I can't tell you anything about the new product's test results.
죄송합니다만, 신제품 테스트 결과는 알려드릴 수 없습니다.

Q3. I am attaching a technical file and will send a sales spreadsheet file in a _____ email tomorrow.
기술 파일을 이 메일에 첨부하고, 영업 스프레드시트 파일은 내일 별도로 다시 보내겠습니다.

Answer
Q1 you, requested   Q2 I, am, sorry   Q3 separate

Exercise 영한 번역 도전!

Ex1. 귀하가 어제 메일로 요구하신 카탈로그는 오늘 발송하겠습니다.

Ex2. 귀하의 제안에 관한 Johnson 부장의 리뷰에 대한 문의 말입니다만, 일주일 이내에 보내겠습니다.

Ex3. 당사가 San Jose에서 개발 중인 신제품에 관한 자료는 정말 죄송합니다만 보내 줄 수 없습니다.

Ex4. 오늘은 Anton Montague가 쓴 프로그램 복사본만 보내고, 디버그 정보는 나중에 보내겠습니다.

Answer

Ex1 물품을 '발송하다'는 ship

We will ship the catalogue you requested by email yesterday today.

문장 끝에 yesterday today라고 때를 나타내는 부사를 2개 연속해서 쓰고 있다. 이는 다양한 수식구가 피수식구의 우측에 배치된다고 하는 영어 문장의 특징상 자주 나타나는 현상이다. 우리말로도 '오늘, 어제 메일로 요구하신 카탈로그를 발송하겠습니다'로 말하듯이 영어에서도 반대어순으로 복수 부사가 연속해서 나타낼 때가 있다. 만약 yesterday today가 연속으로 오는 것이 신경 쓰인다면 콤마(,)를 사용해 yesterday, today라고 써서 yesterday는 직전의 문장에 포함시키고, today는 주어 문장에 포함시켜 문장을 명확하게 하는 것도 방법이다.

Ex2 문의에 응할 때는 in response to

In response to your inquiry about Mr. Johnson's review of your proposal, we will email it to you within a week.

in response to~를 써서 '~에 대해서 말입니다만'을 표현하고 있지만 '~에 대해서 답합니다'란 뉘앙스를 포함하지 않는다면 with respect to~를 써도 된다. 축약형인 WRT도 메일에서 자주 쓴다.

Ex3 자신의 행동을 해명하는 I regret to say that~

I regret to say that I am unable to email you the information about the new product we are developing in San Jose.

I regret to say that~은 '자신이 생각한 대로 결과가 나오지 않아 유감으로, 죄송합니다만, ~입니다'란 뉘앙스로, 자신의 행동을 넌지시 해명하고 싶을 때 쓰면 효과적이다. 다만 너무 자주 쓰면 강한 자기변호가 되므로 사용에 주의하도록 하자.

Ex4 '나중에 보내다'는 will follow

I now send a copy of the program that Anton Montague wrote only and its debug information will follow.

만약 '~은 다음에 메일로 보내겠습니다'라고 말하고 싶을 때는 ~will follow in the next email이 된다. 또 '~은 2주 후 정도에 보내겠습니다'는 ~will follow in about 2 weeks로 쓴다. ~will follow in the next email in about 2 weeks라고 하면 '~은 2주 후 정도에 다음 메일로 보내겠습니다'란 의미가 된다.

Lesson 10 물품 등을 보내고 받을 때

Point 1 보내는 곳을 확인하는 표현
Point 2 수신을 확인하는 표현
Point 3 보내는 목적을 알리는 표현

보내는 것이 실제 물품일 경우에는 보내는 곳의 주소 등을 확인할 필요가 있다. 보내는 목적을 말하는 것은 영어 커뮤니케이션의 기본이기도 하다. 또한 상대방에게 무언가를 받았을 때는 잘 받았다는 수신 확인 메일을 보내는 것이 예의이다. 10과에서는 비즈니스에서 빈번하게 주고받는 송·수신에 관한 표현을 알아보자.

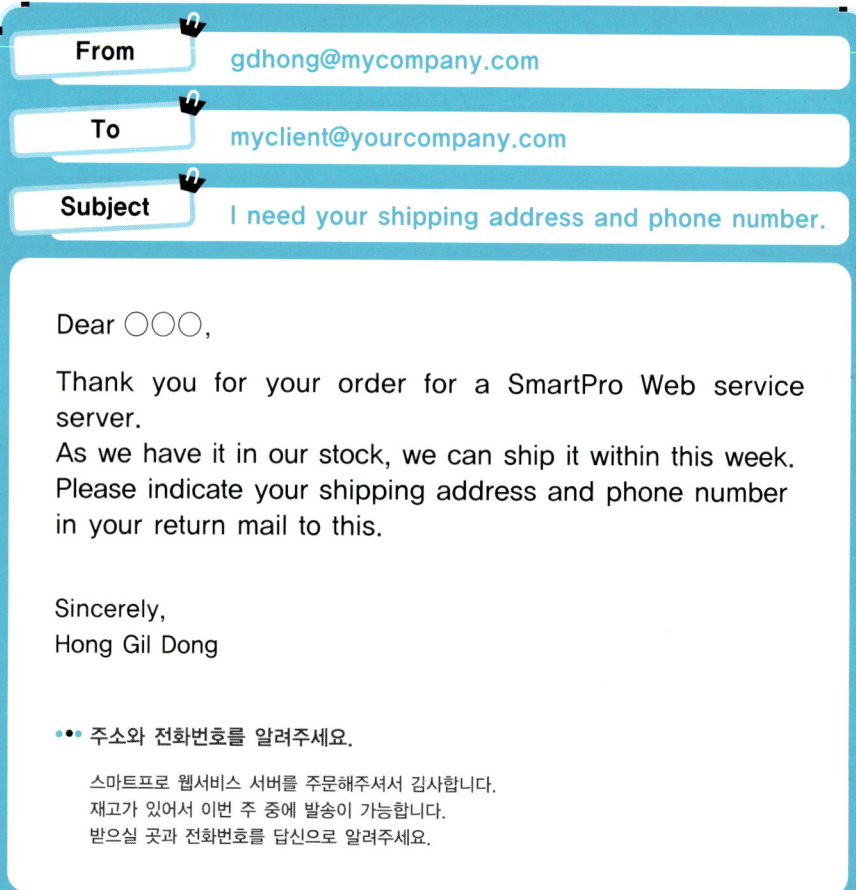

From: gdhong@mycompany.com
To: myclient@yourcompany.com
Subject: I need your shipping address and phone number.

Dear ○○○,

Thank you for your order for a SmartPro Web service server.
As we have it in our stock, we can ship it within this week. Please indicate your shipping address and phone number in your return mail to this.

Sincerely,
Hong Gil Dong

••• 주소와 전화번호를 알려주세요.

스마트프로 웹서비스 서버를 주문해주셔서 감사합니다.
재고가 있어서 이번 주 중에 발송이 가능합니다.
받으실 곳과 전화번호를 답신으로 알려주세요.

Point 1 보내는 곳을 확인하는 표현

물건을 보낼 때의 '보내는 곳'은 shipping address

Business E-mail Situation ❶

Thank you for your order for a SmartPro Web service server. As we have it in our stock, we can ship it within this week. Please indicate your shipping address and phone number in your return mail to this.

스마트프로 웹서비스 서버를 주문해 주셔서 감사드립니다. 재고가 있어서 이번 주 중에 발송 가능합니다. 받으실 곳과 전화번호를 이 메일의 답신으로 알려주세요.

> 물품을(우편 등으로) 보낼 때 주소는 shipping address라고 한다. indicate의 기본적 의미는 '가리키다' 지만, 이 동사에는 '(간결하게)나타낸다, 지시하다' 란 의미가 있어 '알려주세요' 란 의미로도 쓴다.

Business E-mail Situation ❷

I need to send the draft minutes of our project meeting of September 11 to Bill Kennedy of DynaGrid. If you know his postal mail address, please let me know as soon as possible.

다이나그리드의 빌 케네디씨 앞으로 9월 11일에 개최한 프로젝트 미팅의 의사록을 보낼 필요가 있습니다. 그의 주소를 알고 계시다면 가능한 빨리 알려 주세요.

> 보낼 곳을 확인하고 싶을 때, '알고 계시다면 가능한 빨리 알려주세요' 란 뜻의 If you know~, please let me know as soon as possible이란 표현도 자주 쓴다. 약간 재촉한다는 인상을 피하고 싶을 때는 의문문으로 써서 If you know his postal mail address, would you please let me know as soon as possible로 쓰는 방법도 있다.

Business E-mail Situation ❸

I would like to have my travel expense reimbursed. Can I just send my account form to the following address?

출장비용의 지급을 희망합니다. 계산 전표를 아래 주소로 보내면 됩니까?

> 이미 보낼 곳을 알고 있는 경우에 확인하는 표현이다.

Words
- stock 재고 • draft minutes 의사록 원고 • as soon as possible 가능한 빨리 • reimburse 비용을 상환하다, 변제하다

Point 2 수신을 확인하는 표현

 '도착했다' 는 received

Business E-mail Situation ①

Today, I received the CD-ROM whose shipment I requested on the phone the other day. Thank you for taking care of it right away.

일전에 전화로 발송을 부탁한 시디롬이 오늘 저에게 도착했습니다. 빨리 준비해주셔서 감사드립니다.

 '~가 도착했습니다' 는 '~을 받았다' 라고 해석해서 I received라고 쓴다. 주어인 '~' 가 짧을 때는 ~arrived나 ~was delivered로 써도 된다. 이 예문에서 '~' 부분이 '일전에 전화로 발송을 부탁한 CD-ROM' 이므로 직역하면 The CD-ROM whose shipment I requested on the phone the other day arrived(was delivered) today.가 된다. 그러나 이것은 주어가 길어서 술부(동사구)가 너무 짧은 영어로 읽기 어려운 문장이다. I received~를 쓴다면 읽기도 쉽고 앞뒤 균형이 맞는 영어다운 문장이 된다.

Business E-mail Situation ②

FYI, I wanted to inform you that I have received an email from Mr. Jeff Johnston of NodePeer this morning.

참고로 오늘 아침 노드피어의 제프 존스톤 씨로부터 메일을 받아서 알려드립니다.

 received 로 '받았습니다' 라고 명확하게 알리는 표현이다.

Business E-mail Situation ③

Thank you very much for your email of July 23. We are really interested in your proposal. I will have my staff review it carefully before I get back to you.

7월 23일자 메일에 감사드립니다. 귀하의 제안에 매우 관심을 가지고 있습니다. 당사 직원들에게 내용을 신중하게 검토하게 한 후 나중에 다시 연락하겠습니다.

 수신 확인은 '~을 감사합니다' 로 나타내는 방법도 있다.

Words
- FYI = For Your Information 참고로 • proposal 제안 • staff 직원 • review 재검토 • carefully 신중하게
- get back to you 나중에 다시 연락하다

Point 3   보내는 목적을 알리는 표현

 보내는 목적을 간결하게 써서 메일의 의도를 나타낸다

Business E-mail Situation **1**

I am sending our Web site address for your guidance.
안내 차원에서 당사 홈페이지 주소를 알려드립니다.

영어 비즈니스 문서는 그 문서의 테마가 무엇인지 알 수 있는 문장으로 시작하는 것이 정석이다. 이 문장이라는 게 너무 막연하면 의도를 정확하게 전달할 수 없고, 또 구체적으로 쓰면 너무 장황하게 된다. 메일의 테마가 '무언가의 발송'이라면 이와 같이 for~로 보내는 목적을 넌지시 알리면서 메일의 의도를 전달할 수 있다.

Business E-mail Situation **2**

The attached file is for your approval.
첨부한 파일은 귀사의 승인을 받기 위한 것입니다.

I am attaching our project report for your information.
우리의 프로젝트 보고서를 참고 정보로 첨부합니다.

Regarding the bug report you compiled on July 25, I would be glad if you could provide us with a further copy for our records.
귀사가 작성한 7월 25일자 버그 리포트입니다만, 저희 쪽 기록용으로 다시 한 부 복사해서 보내주시면 고맙겠습니다.

With reference to your email of November 17, I am going to send a program from now, which is intended for your retention.
귀하의 11월 17일자 메일에 관해서입니다만, 지금 보내는 것은 보관용 프로그램입니다.

I am emailing our spreadsheet for your reference.
참조하시라고 스프레드시트를 메일로 보냅니다.

 보내는 목적을 넌지시 전달하는 표현은 여러 가지가 있다. 자신이 잘 쓰는 것을 몇 가지 골라 기억해두면 편리할 것이다.

Words
- guidance 안내, 지도 • approval 승인 • compile 편집하다, 작성하다 • provide 제공하다
- a further copy 여분의 복사본 • intended 의도된, 계획된 • retention 보유, 보류

In More Depth 한걸음 더

보고 지나치지 않게 subject(메일 제목)에 신경 쓴다

메일제목(subject)은 용건이 잘 전달될 수 있게 신경 쓰자. 단순하게 '알림' 같은 막연한 제목을 사용하면 안 그래도 바쁜 상대방이 보고도 그냥 지나칠 위험이 있다. 특히 긴급한 메일, 중요한 메일은 메일 제목에서 알 수 있게 쓰는 것이 포인트다.

- About the meeting, could we reschedule to 3:00 please?
  미팅 건, 3시에 와 주세요
- Please send your progress report by the end of the day
  오늘 중에 진척 상황을 보내 주세요
- Some questions on your resource distribution list
  자원 배분 리스트에 대한 질문
- Sending you the errata 정오표 송부
- [Important Notice] The shared file server will be down this weekend
  [중요] 파일 공유 서버가 주말에 정지합니다
- [Urgent] The bug fix doesn't work properly
  [긴급] 버그 수정 프로그램이 잘 작동되지 않습니다

Words
• by end of the day 오늘까지 → 오늘 중에   • errata 정오표(正誤表)

Quiz 이런 경우에는 영어로 어떻게 표현?

Q1. Thank you for your order for a SmartPro Web service server. As we have it in our stock, we can ship it within this week. Please indicate your _____ and phone number in your return mail to this.
스마트프로 웹서비스 서버를 주문해 주셔서 감사드립니다. 재고가 있어서 이번 주 중에 발송 가능합니다.
받으실 곳과 전화번호를 이 메일의 답신으로 알려주세요.

Q2. Today, _____ the CD-ROM whose shipment I requested on the phone the other day. Thank you for taking care of it right away.
일전에 전화로 발송을 부탁한 시디롬이 오늘 저에게 도착했습니다. 빨리 준비해주셔서 감사드립니다.

Q3. I am sending our Web site address for your _____.
안내 차원에서 당사 홈페이지 주소를 알려드립니다.

Answer
Q1 shipping, address   Q2 I, received   Q3 guidance

Exercise 영한 번역 도전!

Ex1. 손님이 어제 메일로 요구하신 CD는 모레 발송 가능합니다. 보내는 곳과 전화번호를 이 메일의 답신 메일로 알려주세요.

Ex2. 다음 달 Menlo Park 사무실로 출장을 갑니다. 여정과 운임 견적을 아래 주소로 보내면 될까요?

Ex3. 모아서 주문할 경우에는 할인해 주겠다는 내용의 확인 메일을 CoolClick사로부터 받아서 알려드립니다.

Answer

Ex1 Please indicate로 '알려주세요'

We can ship the CD you requested by email yesterday, the day after tomorrow. Please indicate your shipping address and phone number in your return mail to this.

'알려주세요'라고 쓸 때 indicate란 단어를 쓴다. '이 메일의 답신 메일로'는 in your return mail이지만, 문맥상 to this는 생략 가능하다. 조금 다른 말이지만 '주문한 CD의 출하를 빨리 해주세요'와 같이 무언가 의뢰한 내용을 빨리 처리해 달라고 하고 싶을 때가 있을 것이다. '~(의 처리)를 서두르다'라고 말하고 싶을 때는 expedite~를 쓴다. 예를 들면 '주문한 CD의 출하를 빨리 하기를 바란다'는 request to expedite the shipment of the CD I ordered 이다. speed up~도 '~을 서두르다'는 의미로 쓰지만 회화 표현이므로 정중한 뉘앙스를 주고 싶을 때는 expedite~를 쓰는 것이 좋다.

Ex2 보내는 곳을 이미 알고 있을 때의 확인 표현

I am going to visit our Menlo Park office next month. Can I just send my travel itinerary and fare quotation to the following address?

travel itinerary는 '여정'이지만, itinerary 단독으로는 '일정'이란 의미로 쓴다. project itinerary라고 하면 '프로젝트 일정표'란 의미가 된다.

Ex3 '받았습니다'는 확실하게 알린다

I want to inform you that I have received an email from CoolClick which confirms that they can offer us discount prices if we place our order in bulk.

'확인 메일'을 그대로 번역하면 confirmation email이다. 하지만 '~하겠다는 내용의 확인 메일'을 '~하겠다는 내용을 확인하는 메일'로 해석해서 영작해도 위화감이 없다.

Lesson 11 관계자에게 통지할 때

Point 1 소식이나 정보를 알리는 여러 가지 표현
Point 2 제3자에게 메시지를 전해 달라는 표현
Point 3 제3자의 메시지를 전달할 때의 표현

상황을 바르게 전달하는 것이 업무상 연락의 기본이다. 같은 '알림'이라고 해도 좋은 소식이냐, 단순한 정보의 알림이냐, 특별히 주의를 환기시키기 위한 알림이냐에 따라 그 표현 방법이 달라진다. 또한 제3자의 말을 전할 때도 있을 것이고, 전달을 받을 때도 있을 것이다. 11과에서는 다양한 알림에 관한 표현을 배워 보자.

From gdhong@mycompany.com

To myclient@yourcompany.com

Subject To whom it may concern

We are pleased to inform you that we are done with installing a new Web system.

Sincerely,
Hong Gil Dong

••• 관계되신 분들에게
저희 회사의 새로운 웹시스템 도입이 완료된 것을 알려드릴 수 있게 되어 기쁘게 생각합니다.

Point 1 소식이나 정보를 알리는 여러 가지 표현

be pleased to inform으로 기쁜 기분을 공유

Business E-mail **Situation**

We are pleased to inform you that we are done with installing a new Web system.

저희 회사의 새로운 웹시스템 도입이 완료된 것을 알려드릴 수 있게 되어 기쁘게 생각합니다.

 연대감을 공유할 수 있는 관계자 앞으로 좋은 소식을 알릴 때 단순히 This is to inform you that~(~을 알립니다)로 쓰기 보다는 We are pleased to inform you that~이라고 쓰는 것이 기쁜 기분을 공유하고 싶다는 뉘앙스가 느껴지는 문장이 된다.

Business E-mail **Situation**

I would like to inform you of our in-house policy for handing confidential documents.

기밀문서의 취급에 관해 당사 지침을 알립니다.

confidential documents는 기밀문서란 뜻으로 confidential과 거의 비슷할 정도로 눈에 띄는 단어는 proprietary이다. 이것은 재산권이나 저작권에 관한 정보에 대해 쓴다. 예를 들면 proprietary information이라고 쓰면 '(소유자의 허가 없이는 개시 할 수 없는)전유 정보'를 말한다.

Business E-mail **Situation**

I am happy to report to you that the new system is up and running without a hitch today.

오늘 시스템이 가동되어 고장 없이 작동하고 있는 것을 보고 드릴 수 있게 되어, 기쁘게 생각합니다.

 '~을 보고 드릴 수 있게 되어 기분적으로 기쁘고 행복하다'란 뉘앙스를 주고 싶을 때는 쓰는 표현이다. happy 대신 glad를 써도 의미상 큰 차이는 없으므로 개인적인 취향에 맞게 선택해서 쓰면 된다.

Business E-mail **Situation**

Please make a note of the following changes in reimbursement procedures, effective Monday next week.

지급 절차가 다음 주 월요일부터 아래와 같이 변경되므로 주의해 주세요.

 특히 주의를 환기시키고자 하는 경우에 쓰는 표현이다. make a note of~의 note는 비망록이나 메모다. make a note of~에는 '~을 (잊지 않도록)써둔다'란 의미와 '기억해두다'란 두 가지 의미가 있다. please be careful of~나 please pay attention to~도 '주의 하세요'의 의미가 된다.

Words
- install 설치하다   • in-house policy 사내 정책   • effective 유효한

Point 2 제3자에게 메시지를 전해 달라는 표현

고지한다는 느낌이 강할 때는 announce

Business E-mail Situation ①

This is to announce the addition of 3 new programmers.
프로그래머가 3명 추가된 사실을 알려드립니다.

'고지'의 색이 강한 알림은 announce(고지하다, 발표하다)를 써서 말한다. '~한 사실을 알려드립니다'와 같이 직접 목적어가 문장에 나올 때는 This is to announce that~으로 말하고 that 이하에 고지 내용을 쓰면 된다.

Business E-mail Situation ②

Please inform Mr. Brown that I won't be able to be back to the San Jose office tomorrow at all.
저는 내일 새너제이 사무실에 돌아갈 수 없다고 브라운 씨에게 전해 주세요.

inform을 써서 말을 전할 수도 있다. '전해 주세요'는 inform 이외에도 let~know that이나 convey my message to~that 등으로 쓴다. tell을 쓰면 명령 한다는 느낌이 들기 때문에 주의해야 한다.

Business E-mail Situation ③

Mr. Terry Raymond **asked me to tell you that** he is planning to leave San Jose on June 15 and return to Seoul on June 18.
테리 레이먼드씨가 당신에게 전해달라고 저에게 부탁했습니다. 그는 6월 15일에 새너제이를 떠나서 6월 18일에 서울로 돌아올 예정이라고 합니다.

제3자에게 말을 전할 때는 ask를 써서 표현하면 된다. 또 I was asked by~to tell you that~이라고 수동형으로 쓰지 않고 ~asked me to tell you that~처럼 능동형으로 쓰는 것이 좋다. 왜냐하면 일부러 부탁을 해서라도 정보를 전달하려고 하는 의뢰인의 기분이 느껴지는 문장이 되기 때문이다.

Words
• addition 추가 • ask me tell you that ~를 당신에게 말해주도록 나에게 요청하다

 **Point 3** 제3자의 메시지를 전달할 때의 표현

 '~로부터의 전달 내용으로'는 I have a message from~that

Business E-mail **Situation** ①

I have a message from Director Michael Jackson of the San Jose Office that you need to inform all staff on your project team of the content of Bug Report 123.

새너제이 사무실의 마이클 잭슨 부장으로부터의 전달 내용입니다. 귀하의 프로젝트 팀의 멤버 전원에게 버그 리포트 123의 내용을 알려주라고 하셨습니다.

 I have a message from~that~은 누군가로부터 메시지를 받아 전해 줄 때의 기본 표현이므로 꼭 기억해두자.

Business E-mail **Situation** ②

I have a message from Director Michael Jackson at the San Jose office, with whom you talked on the phone last month. It says that you need to inform all staff on your project team of the content of Bug Report 123

귀하가 지난 달, 전화로 말씀하신 새너제이 사무실의 마이클 잭슨 부장으로부터의 전달 내용입니다. 귀하의 프로젝트 팀의 멤버 전원에게 버그 리포트 123의 내용을 알려주라고 하셨습니다.

 전언(message)과 그 전언의 구체적 내용을 나타내는 that절이 비연속적으로 되므로 '~로부터'의 부분이 관계대명사절을 포함하는 긴 표현일 때는 2개의 문장으로 나눠서 말하는 것도 방법이다.

Business E-mail **Situation** ③

In an email I received from the chief programmer Bob, he wrote he has been having difficulty debugging the software.

주임 프로그래머인 밥이 보내온 메일에 그 소프트웨어를 디버깅 하는 데 어려움을 겪고 있다고 적혀있었습니다.

 In an email I received from~의 형태로 제 3자의 메시지를 전달할 수 있다.

Words
• inform all staff 직원 모두에게 알리다 • content 내용 • difficulty 어려움

In More Depth 한걸음 더

'알려 주세요'라고 부탁할 때

- About Contract 123A, will you let us know RainbowSoft's requirements as soon as possible?
  계약 123A에 대해서인데요, 레인보우소프트의 요구를 가능하다면 빨리 알려 주시겠습니까?

상대방에게 무언가를 알려 달라고 부탁하고 싶을 때의 표현이다. '연락하다'에 inform을 쓰고 싶다면 let us know 부분을 inform us of로 바꾸면 된다.

- About the schedule delay of your development project, please keep us informed of what takes place.
  귀하의 개발 프로젝트 지연에 관하여 상황이 어떻게 진전되고 있는지 계속해서 알려 주시길 바랍니다.

'~에 대해(이후에도) 계속 알린다'는 keep us informed of~나 keep us informed that~으로 쓴다. (p.112참고) what takes place는 '상황이 어떻게 진행되는지'란 의미다.

- About the next meeting, please suggest up to 3 suitable dates when to hold it.
  다음 미팅에 대해 귀하가 편한 시간을 정해 늦어도 3일까지 알려 주세요.

suggest를 써서도 표현할 수 있다. '~을 알려 주세요'는 '~을 제안해 주세요'란 의미로 쓰고 있다. tell(알린다, 알려주다)를 써서 tell me~로 써도 된다.

Quiz 이런 경우에는 영어로 어떻게 표현?

Q1. We are _____ you that we are done with installing a new Web system.
   저희 회사의 새로운 웹시스템 도입이 완료된 것을 알려드릴 수 있게 되어 기쁘게 생각합니다.

Q2. This is _____ the addition of 3 new programmers.
   프로그래머가 3명 추가된 사실을 알려드립니다.

Q3. I _____ from Director Michael Jackson of the San Jose Office that you need to inform all staff on your project team of the content of Bug Report 123.
   새너제이 사무실의 마이클 잭슨 부장으로부터의 전달 내용입니다. 귀하의 프로젝트 팀의 멤버 전원에게 버그 리포트 123의 내용을 알려주라고 하셨습니다.

Answer
Q1 pleased, to, inform Q2 to, announce Q3 have, a, message

Exercise 영한 번역 도전!

Ex1. 사내 웹 시스템의 상태가 개선된 사실을 보고할 수 있게 돼서 기쁘게 생각합니다.

Ex2. 저희 회사의 기술주임 Bill Hansen씨가, San Jose 본사로 돌아간 사실을 알려드립니다.

Ex3. 초과 근무 수당의 제출방법이 다음 달 1일부터 다음과 같이 변경되므로 주의해 주세요.

Ex4. 그 웹서비스 개발을 시작해 달라고 SyncCom사의 선임 프로그래머에게 전해 주세요.

Answer

Ex1 '보고 들일 수 있게 돼, 기쁘게 생각한다'는 happy to report

I am happy to report to you that the condition of the in-house Web system has improved.

> in-house란 표현은 '사내의'란 의미로 자주 쓰는 표현이다. 예를 들면 in-house instructor(사내 기사), in-house lawyer(사내 변호사), in-house localization(사내 로컬리제이션), in-house workshop(사내 워크숍) 등으로 쓴다.

Ex2 '알림'은 inform을 쓰면 대개 안전

About our chief engineer Mr. Bill Hansen, I would like to inform you of his return to the San Jose headquarters.

> '10월 15일자'로 쓰고 싶을 때는 return을 동사로 써서 inform you that he return to the San Jose headquarters as of October 15가 된다.

Ex3 주의를 환기시킬 때는 Please make a note of~

Please make a note of the following changes in the current overtime payroll policies, effective 1st of the next month.

> '변경'을 명사로 쓴 예다. '변경 됩니다'를 직역해서 change를 동사로 쓰고 싶을 때는 Please note that the way to calculate your overtime pay will change as follows, effective 1st of the next month. 그런데 이 영문으로는 current overtime payroll policies(현재 초과 근무 수당 제출 방법)이 변경된다는 의미가 정확하게 나타나지 않는다. effective는 '(특정한 날짜와 시간)으로'와 같은 의미를 갖는 부사로써 날짜와 시간 정보 앞에 쓸 수도 있다.

Ex4 inform을 써서 말을 전달한다

Please inform the senior programmer of SyncCom Co. that we want him to get started developing the Web service right away.

> '시작해 달라'보다 조금 어조를 부드럽게 해서 '시작하기를 바란다'고 말하고 싶을 때는 want 대신 ask를 쓰면 된다. '선임 프로그래머'는 senior programmer다. '선임 프로그래머이면서 동시에 기술면에서 리더'는 senior programmer and tech lead로 표현한다. tech lead는 '기술면에서의 리더 격인 사람'이란 의미로 단독으로도 자주 쓰는 말이다.

Lesson 12 부재중인 이유를 알릴 때

Point 1 사무실 휴업을 알리는 표현
Point 2 출장으로 인한 부재를 알리는 표현
Point 3 휴가를 미리 알리는 표현

요즘 메일 설정에는 사전에 등록한 문장을 부재 시 자동 발송하는 기능이 있으므로 이런 종류의 메일을 받은 경험이 있을 것이다. 물론 동료나 중요한 거래처 사람들에게는 부재를 미리 알려주는 것도 좋다. 12과에서는 어떤 이유로 인해 잠시 연락이 되지 않을 때, 이를 상대방에게 메일로 알리는 표현을 배워 보자.

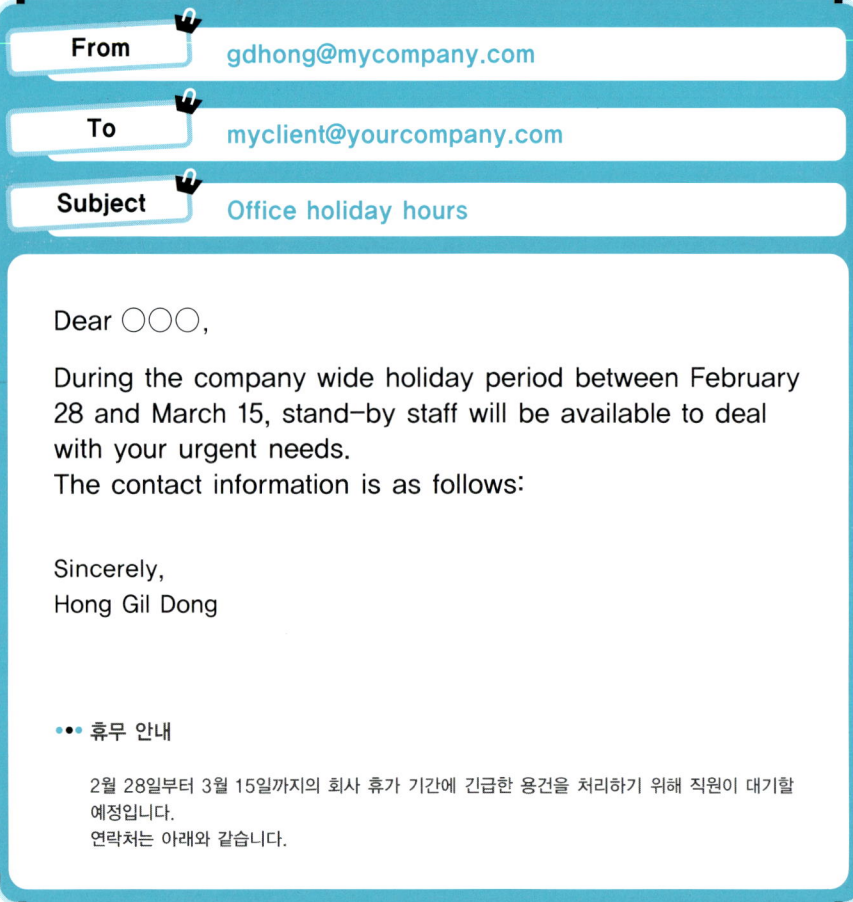

From gdhong@mycompany.com
To myclient@yourcompany.com
Subject Office holiday hours

Dear ○○○,

During the company wide holiday period between February 28 and March 15, stand-by staff will be available to deal with your urgent needs.
The contact information is as follows:

Sincerely,
Hong Gil Dong

••• 휴무 안내
2월 28일부터 3월 15일까지의 회사 휴가 기간에 긴급한 용건을 처리하기 위해 직원이 대기할 예정입니다.
연락처는 아래와 같습니다.

 **사무실 휴업을 알리는 표현**

 '(사무실이)문을 닫습니다'는 will be closed

Business E-mail **Situation 1**

The Palo Alto office will be closed during the Christmas Holiday period. The dates of closure are Dec. 25 – Jan. 1, 2011. If you need our help, please call XXX-XXXX.

팰러앨토 사무실은 크리스마스휴가로 2010년 12월 25일부터 2011년 1월 1일까지 폐쇄합니다. 용건이 있으신 분은 XXX-XXXX로 연락주세요.

'문을 닫다'는 be closed를 쓴다. '용건이 있다면'은 If you need our help로 쓴다. 사전에는 '~에 용무가 있다'로 have some business with~란 표현이 자주 나오는데 위 예문의 상황에서는 쓰면 안 된다. '(무언가 꼭 끝내지 않으면 안 되는)용무가 있으면'이란 뉘앙스로 들리기 때문이다.

Business E-mail **Situation 2**

While our office is closed throughout March, the office will be staffed to attend to urgent messages.

저희 사무실은 3월 말까지 쉽니다만, 그 사이 긴급 통신에 대처할 수 있게 사무실에 직원을 배치하겠습니다.

'~의 사이'는 during이지만 '~의 마지막(끝)'이란 경우는 throughout를 쓴다.
'직원을 배치하겠습니다'는 be staffed. '사람을 배치하겠습니다'로 말하고 싶을 때는 be manned로 쓴다. man에는 '사람'이나 '남성'이란 잘 알려진 의미 외에 '사람을 배치하다'란 의미의 동사 뜻도 있다. '긴급 통신에 대처할 수 있게'는 attend 외에 respond도 쓴다. '긴급 통신'이 아닌 '긴급 전화'나 '긴급 사태'로 말하고 싶을 때는 각각 emergency calls와 emergencies로 쓴다.

Business E-mail **Situation 3**

During the company wide holiday period between February 28 and March 15, stand-by staff will be available to deal with your urgent needs. The contact information is as follows:

2월 28일부터 3월 15일까지의 회사 휴가 기간에 긴급한 용건을 처리하기 위해 직원이 대기할 예정입니다. 연락처는 아래와 같습니다.

연말 휴가 같은 축일이 겹치는 '회사 전체 휴가'는 company wide holiday로 쓴다. 여름휴가 같은 '회사 전체 휴가'의 경우는 company wide summer vacation이다.
'~하기 위한 사원이 대기합니다'는 stand-by를 써서 stuff stand-by to~로 쓸 수도 있다.

Words
- urgent messages 긴급 통신
- stand-by staff 대기 사원
- urgent need 긴급 용건

Point 2   출장으로 인한 부재를 알리는 표현

'출장 중'은 on a business trip

Business E-mail Situation 1

General Manager Hong Gil Dong is out of town **on a business trip** right now and is expected to return after August 25. Incidentally, his itinerary is as follows:

홍길동 부장은 현재 출장 중입니다만, 8월 25일 지나서는 출근할 예정입니다.
출장 일정은 아래와 같습니다.

> '출장 중'은 on a business trip이다. '출장 중으로 인한 부재'라고 말할 때는 out of town on a business trip이라고 쓰기도 한다. '출근할 예정입니다'는 expected to return 외에 expected to show up at work도 있다. 또 '일에 복귀할 예정입니다'는 expected to get back to work가 된다.

Business E-mail Situation 2

I just want to inform you that I will be visiting the Palo Alto office on my business trip from March 10 through 15.
I will be reachable at phone : 555-1234
and email : TaroSuzuki@opensource.it-firm.com.

3월 10일부터 15일까지는 팰러앨토 사무실로 출장을 갑니다. 연락은 전화 555-1234, 메일 TaroSuzuki@opensource.it-firm.com으로 부탁드립니다. 출장 일정은 아래와 같습니다.

> 출장으로 자리를 비울 때, 이를 알리는 대표적 표현이다. '~에 출장을 갑니다'는 I will be away on business in~이라고 써도 된다. 또 '연락은 ~로 취할 수 있습니다'와 같은 표현은 위 예문 외에도 I can be contacted by phone at~으로 써도 된다.

Business E-mail Situation 3

I just wanted to let you know that from December 10 through January 10, 2010, I will be out of my Seoul office on an extended business trip and cannot be reached by email.

12월 10일부터 2010년 1월 10일까지 저는 장기 출장으로 서울 사무실을 비우므로 메일로 연락이 되지 않습니다.

> '~으로 연락이 되지 않습니다'는 cannot be reached by~나 will be unreachable by~ 등으로 쓴다. 참고로 '전화로 연락이 되지 않지만 메일은 매일 체크할 예정입니다'는 I will be unreachable by phone but plan to check my email daily로 쓴다.

Words
- be expected to ~할 예정이다
- incidentally 덧붙여 말하자면
- itinerary 여행스케줄, 일정
- reachable 연락 가능한
- an extended business trip 장기출장

Point 3 휴가를 미리 알리는 표현

'휴가로 비운다'는 go away for the holidays

Business E-mail Situation 1

Next week I will be going away for the holidays.
My contact information is as follows:

다음 주 저는 휴가로 비웁니다. 연락처는 아래와 같습니다.

 go away for the vacation도 거의 같은 의미다. 예를 들면 '가족 휴가로 하와이에 가서 1주일간 비웁니다'는 go away to Hawaii for a family vacation week가 된다.

Business E-mail Situation 2

I will be away for vacation from Tuesday, July 22 to Friday, July 25. During this period, I will not be reading my email. As I don't want my mailbox to overflow, I would appreciate it very much if you could refrain from sending your email to me as much as possible.

7월 22일 화요일부터 7월 25일 금요일까지 휴가를 냅니다. 그 사이 메일을 읽을 수 없습니다. 메일 용량이 넘치지 않게 하고 싶으므로 가능한 한 제 앞으로 메일을 보내지 말아 주세요. 잘 부탁합니다.

 휴가로 연락이 닿지 않을 때 알리는 메일의 예다. '휴가로 비웁니다'라면 be on leave다. 덧붙여서 '병으로 2주간 휴가를 냅니다'는 be on sick leave for 2 weeks로 쓴다.

Business E-mail Situation 3

My project team will be away from the office on vacation for 10 days, starting from Aug. 12.

저희 프로젝트 팀은 8월 12일까지 10일간 휴가로 사무실을 비웁니다.

 '휴가로 비웁니다'는 be gone on vacation으로 써도 된다.

Words

- contact information 연락처
- vacation 휴가
- overflow 가득 차다, 흘러 넘치다
- refrain from ~ing ~하기를 삼가다, 자제하다

In More Depth 한걸음 더

자신의 연락처가 바뀌었다면 바로 알린다
사무실을 이전해서 연락처가 바뀌었을 때는 메일 제목을 '이전 알림' 등으로 하여 메일을 보낸다.

Announcement : Office relocation
I am pleased to inform you that the staff at the Kangnam-gu Seoul Tower office will be moving to new accommodation on January 12, 2010.
　The address: Sunshine Building 5F1-25 Jung-gu, Seoul, Korea
　Telephone: 82-2-6215-XXXX
　Fax: 82-2-6215-XXXX
Attached is a vicinity map of the Jung-gu area for your reference.

제목 : 사무실 이전 알림
강남구 서울 타워 사무실은 2010년 1월 12일 이전 예정입니다. 새로운 연락처는 아래와 같습니다.
주소 : 서울 중구 1-25 선샤인 빌딩 5F
전화번호: 82-2-6215-XXXX
Fax번호: 82-2-6215-XXXX
참고로 중구 지역의 약도를 첨부합니다.

Words
•relocation 재배치, 이전　•vicinity map 약도　•for your reference 참고로

Quiz 이런 경우에는 영어로 어떻게 표현?

Q1. The Palo Alto office will be _____ _____ the Christmas Holiday period. The dates of closure are Dec. 25 – Jan. 1, 2007. If you need _____, please call XXX-XXXX.
　팰러앨토 사무실은 크리스마스휴가로 2010년 12월 25일부터 2011년 1월 1일까지 폐쇄합니다. 용건이 있으신 분은 XXX-XXXX로 연락주세요.

Q2. General Manager Hong Gil Dong is out of town _____ _____ _____ right now and is _____ _____ _____ after August 25. Incidentally, his itinerary is as follows:
　홍길동 부장은 현재 출장 중입니다만, 8월 25일 지나서는 출근할 예정입니다. 출장 일정은 아래와 같습니다.

Q3. Next week I will be going _____ _____ the holidays. My contact information is as follows:
　다음 주 저는 휴가로 비웁니다. 연락처는 아래와 같습니다.

Answer
Q1 closed, during, our, help　Q2 on, a, business, trip, expected, to, return　Q3 away, for

Exercise 영한 번역 도전!

Ex1. 7월 15일부터 7월 22일까지 회사 전체 휴가 기간에 네트워크 보안실에서는 대기 직원이 긴급 문의에 대응합니다. 연락처는 아래와 같습니다.

Ex2. 이번 주 월요일부터 목요일까지는 Chris Burton씨와 미팅 목적으로 Sunnyvale 사무실에 출장을 갑니다. 그 사이에 연락은 메일로 부탁드립니다.

Ex3. Bryan White는 현재 출장 중이지만, 다음 달 중순 지나서는 출근할 예정입니다.

Answer

Ex1 사무실을 비울 때는 기간과 그 사이 연락처를 통지

During the company wide holiday period between July 15 and July 22, the stand-by staff will be available in the network security room to take your emergency call. The contact information is as follows:

> 긴급 문의는 전화로 올 때가 많으므로 take your emergency call이라고 쓰고 있다.

Ex2 출장으로 인한 부재를 알리는 메일 표현

I just wanted to inform you that I will be visiting the Sunnyvale office from Monday through Thursday this week to talk with Mr. Chris Burton. During this period, you can reach me via email.

> '연락은 메일로 부탁드립니다'는 reach를 응용해서 you can reach me via email이라고 쓴다. 한국어로 '부탁드립니다'란 의미를 꼭 포함하고 싶은 때는 Please contact me via email only라고 써도 된다.

Ex3 '출근할 예정'은 be expected to return

Bryan White is out of town on a business trip right now and is expected to return a little after the middle of the next month.

> '출장 중'은 on a business trip만으로도 괜찮다. '출근할 예정입니다'는 expected to show up at work 등으로도 쓴다.

Lesson 13 회의를 주재할 때

Point 1 회의 개최를 통지하는 표현
Point 2 참석 여부를 확인하는 표현
Point 3 회의의 목적을 알리는 표현

13과에서는 회의 통지나 참석 여부의 확인, 회의 목적을 알리는 등 각종 미팅의 사전 준비에 관련된 표현을 소개한다. 한국 내 사무실에서 근무하는 경우는 영어로 회의를 하는 일은 거의 없을 수도 있지만 회의 개최의 통지나 참석 여부를 확인하는 표현은 여러 가지 상황에 응용해서 사용할 수 있으므로 잘 기억해 두자.

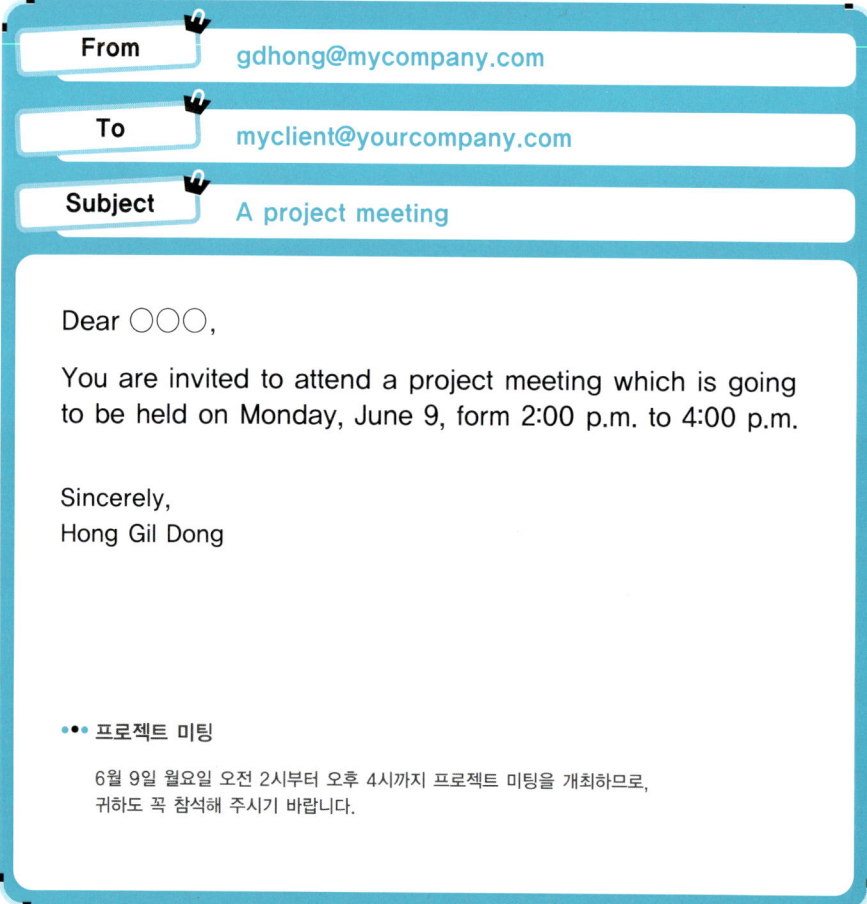

From: gdhong@mycompany.com
To: myclient@yourcompany.com
Subject: A project meeting

Dear ○○○,

You are invited to attend a project meeting which is going to be held on Monday, June 9, form 2:00 p.m. to 4:00 p.m.

Sincerely,
Hong Gil Dong

●●● 프로젝트 미팅
6월 9일 월요일 오전 2시부터 오후 4시까지 프로젝트 미팅을 개최하므로, 귀하도 꼭 참석해 주시기 바랍니다.

Point 1 회의 개최를 통지하는 표현

invite를 쓰면 출석을 환영하는 분위기가 든다

Business E-mail **Situation 1**

You are invited to attend a project meeting which is going to be held on Monday, June 9, from 2:00 p.m. to 4:00 p.m.
> 6월 9일 월요일 오전 2시부터 오후 4시까지 프로젝트 미팅을 개최하므로, 귀하도 꼭 참석해 주시기 바랍니다.

 회의나 미팅을 개최를 알릴 때 invite(초대하다)란 동사를 쓰면 출석을 환영하는 분위기를 줘서 참가 희망자가 늘어날지도 모른다. '귀하도 참석해 주세요' 라고 요청의 의미를 담고 싶을 때는 you are requested to attend라고 하면 된다.

Business E-mail **Situation 2**

We would like to invite you to present your development project plan at the director's meeting on Tuesday, July 15, from 7:00 p.m.
> 7월 15일 화요일 오후 7시부터 개최되는 중역회의에 출석하셔서 귀하의 개발 프로젝트 계획을 정식으로 발표해주시면 좋겠습니다.

 회의 출석자에게 무언가의 역할을 의뢰하는 경우의 통지 메일 표현이다. 이 '~을 해주시면 좋겠다' 는 영어로 옮기기 좀 복잡해 보이는 표현이지만, 이것은 want you to~(~해주면 좋겠다)의 변형에 지나지 않는다.

Business E-mail **Situation 3**

The Web service development project group is planning to organize a meeting at Mr. Calvin's room on Friday, Jan 10, from 8:00 p.m. and you and your team are invited to attend.
> 웹서비스 개발 프로젝트 그룹은 1월 10일 금요일 오후 8시부터 캘빈씨의 방에서 미팅을 개최하므로 귀하의 팀도 꼭 참석해주세요.

 '미팅을 개최하다' 는 have/hold/organize a meeting다. 단순히 '미팅이 있다' 란 의미라면 have, '미팅을 연다' 란 의미라면 hold, '미팅을 (조직해서) 개최한다' 란 의미라면 organize를 쓰면 된다. you and your team are invited to attend를 직역하면 '귀하의 팀도 참석하도록 초대합니다' 란 느낌이지만 이것으로 '꼭 오세요' 란 의미가 된다. you and your team이라고 써서 you(메일의 수령인)을 포함한 팀 각 멤버에 대해 '꼭 오세요' 라고 말해서 회의의 출석을 재촉하고 있다.

 Words
• attend 참석하다 • invite 초대하다 • present 정식으로 소개하다, 공개하다 • director's meeting 중역회의

Point 2 참석 여부를 확인하는 표현

'참석 여부 확인'은 confirm your attendance

Business E-mail Situation ①

The next project managers' meeting is tentatively scheduled to be on Wed. May 10. As soon as your work schedule allows, would you please confirm your attendance?

차기 프로젝트 매니저 미팅은 일단 5월 10일 예정되어 있습니다. 일의 일정이 정해지는 대로 참석 여부를 확인해 주세요.

'~일에 예정되어 있다'는 is scheduled to be on~이란 표현을 쓴다. '참석 여부를 확인하다'는 confirm your attendance가 전형적인 표현이다. '참석 여부'를 attendance or absence라고 직역해서 confirm your attendance or absence라고 쓰지는 않는다.

Business E-mail Situation ②

When you receive this email, please confirm at your earliest convenience if you will be able to attend the next project meeting. 이 메일을 받으셨다면 차기 프로젝트 미팅의 출석을 편하신 때 확인해 주세요.

confirm if you will be able to attend~는 '출석이 가능한 지를 확인해 주세요'라고 직역되지만 의미는 '출석을 확인해 주세요'와 크게 다르지 않다.

Business E-mail Situation ③

Did you receive my email of March 17 in which I attached our invitation to PeerOneCOM's products show?

제가 3월 17일에 피어원콤사 제품 발표회 초대장을 첨부하여 메일을 보냈는데 받았습니까?

출석 여부 확인이 늦는 상대방의 답변을 재촉할 때는 'OO일에 보낸 메일은 받았습니까?'라고 간접적으로 재촉하면 부드럽게 넘어갈 수 있다.
'도착했습니까?'를 '받았습니까?'라고 번역하고 있는 점을 주목해야 한다. 영어 문장에서는 '저희 쪽에서 ~ 초대장 첨부의'까지가 '메일'의 긴 수식구로 되어 있다. 만약 '도착했습니까?'를 그대로 직역해서 arrive를 쓴다면 다음과 같이 주어가 긴 가분수 영어 문장이 되어 버린다. Did my email of March 17 in which I attached our invitation to PeerOneCOM's products show arrive?

Words
- tentatively 임시로 • confirm 확인하다 • attendance 참석 • at your earliest convenience 형편이 닿는 대로 빨리
- products show 제품발표회

Point 3 회의의 목적을 알리는 표현

목적의 통지는 the main purpose of~is to~

Business E-mail **Situation**

The main purpose of this programmers' meeting **is to** review the position regarding job assignment and to talk about the needed additions.
이번 프로그래머 미팅의 주목적은 일의 할당을 재검토하고 필요한 인원을 충원하는 문제에 대해 이야기를 나누는 것입니다.

 목적의 통지는 the main purpose of~is to~가 기본 표현이다. 또 talk about the needed addition을 '필요한 인원을 충원하는 문제에 대해 이야기 나누다'라고 표현하고 있는데, 문맥상 어떤 충원인지 짐작할 수 있기 때문에 예를 들면 addition of workers라든가 addition of programmers 등으로 꼭 정확하게 쓰지 않아도 된다.

Business E-mail **Situation**

This is to announce that the main agenda of the June 24 meeting is the merger of the customer service and the collaboration business unit.
6월 24일 미팅의 주요 의제는 고객 서비스 부문과 공동 사업 부문의 합병이란 것을 알려드리는 바입니다.

 '의제'는 영어로 agenda라고 한다. This is to announce that~은 의제에 국한되지 않고 사내에서의 알림에 자주 사용되는 표현이므로 기억해 두자.
사내에서 간단하게 보내는 소식(뉴스)은 This is to announce that~으로 시작해도 무난하다. 예를 들면 다음 예문은 '사무실이 일시적으로 문을 닫는다'는 소식을 처음에 전하는 내용이다.
This is to announce that our office will be closed from 28th December till 5th January for New Year Holidays.(사무실은 12월 28일부터 1월 4일까지 연말연시 휴가로 문을 닫습니다.)

Business E-mail **Situation**

I am attaching the draft agenda of the subject meeting.
주제 회의의 의제 초안을 첨부합니다.

 의제의 통지는 첨부 파일로 보내는 방법이 있다. '~을 첨부합니다'는 I am attaching~ 외에도 Lesson06에서 설명한 것처럼 Please find attached~라고 써도 된다.

Words
- purpose 목적 • job assignment 일의 할당 • agenda 의제 • merger 합병 • collaboration 협동, 합작
- draft agenda 의제 초안

In More Depth 한걸음 더

비즈니스 메일에서는 날짜와 시간을 정확하게 전달하는 것이 매우 중요하다.
날짜나 시간을 쓰는 방법은 자주 사용되는 표현이므로 기억해 두자.

1) 언제부터 유효하다고 표현할 때 사용하는 effective
3월 1일부터 유효 effective March 1

2) '~일 현재'라고 할 때 as of
as of March 1 3월 1일 현재
as of today 금일 현재

3) 미국 표준시간의 표현들
EST(Eastern Standard Time) 동부 표준시간
CST(Central Standard Time) 중부 표준시간
MST(Mountain Standard Time) 산악지방 표준시간
PST(Pacific Standard Time) 태평양 표준시간

4) 시간의 기준
local time = 현지시간
6p.m., our time 이쪽 시간으로 오후 6시
6p.m., your time 그쪽(상대편) 시간으로 오후 6시

Quiz 이런 경우에는 영어로 어떻게 표현?

Q1. You are _____ _____ a project meeting which is going to be held on Monday, June 9, from 2:00 p.m. to 4:00 p.m.
6월 9일 월요일 오전 2시부터 오후 4시까지 프로젝트 미팅을 개최하므로, 귀하도 꼭 참석해 주시기 바랍니다.

Q2. The next project managers' meeting is tentatively _____ to be on Wed., May 10. As soon as your work schedule allows, would you please confirm _____ _____ ?
차기 프로젝트 매니저 미팅은 일단 5월 10일 예정되어 있습니다. 일의 일정이 정해지는 대로 참석 여부를 확인해 주세요.

Q3. _____ _____ of this programmers' meeting _____ review the position regarding job assignment and to talk about the needed additions.
이번 프로그래머 미팅의 주목적은 일의 할당을 재검토하고 필요한 인원을 충원하는 문제에 대해 이야기를 나누는 것입니다.

Answer
Q1 invited, to, attend   Q2 scheduled, your, attendance   Q3 The, main, purpose, is, to

Exercise 영한 번역 도전!

Ex1. 다음 주 금요일 오후 3시부터 3층 회의실에서 그룹 리더 미팅을 개최하므로, 귀하도 참석해 주세요.

Ex2. 선임 프로그래머 미팅은 9월 11일에 예정되어 있습니다. 참석 여부를 확인해 주세요.

Ex3. 다음 그룹 미팅은 4월 30일 오전 9시에 서울 사무실에서 개최할 것을 제안했습니다. 다룰 의제는 홍길동씨의 차기 회계연도 지출 예측 평가, 그 외 안건입니다.

Answer

Ex1 요청의 뉘앙스라면 you are requested to attend

You are requested to attend a group leader meeting which is going to be held in the 3rd floor meeting room next Friday from 3:00 p.m.

'참가해 주세요'를 요청이라고 해석해서 you are requested to attend~로 썼지만 상황에 따라서는 requested 부분에 asked나 invited를 써도 된다.

Ex2 참석 여부 확인의 기본 표현

A senior programmers' meeting is scheduled to be on September 11. Would you please confirm your attendance?

참고로 답변에서 '(어쩔 수 없는 이유로)참석하지 못하겠습니다'라고 말하고 싶을 때는 다음과 같은 표현이 있다.
I am sorry that I have to be absent due to a death in my family, due to illness, due to previous commitments.(상을 당해서, 몸이 좋지 않아서, 불가피한 선약이 있어서, 죄송합니다만 참석하지 못하겠습니다.)
due to~는 '~때문에'로 이유를 나타낼 때 자주 쓴다.

Ex3 '의제'는 agenda

It has been proposed that the next group meeting should take place at the Seoul office on April 30 at 9:00 a.m. The agenda will include the evaluation of Mr. Hong Gil Dong's expenditure projection for the next fiscal year, etc.

The agenda will include~로 '의제는 ~그 외 안건입니다'의 의미가 된다. include는 사전에는 '포함하다'지만 이와 같이 '~그 외 안건입니다' '~등 입니다'라고 번역하면 딱 떨어질 때가 많다. '~하는 것이 제안되었습니다'는 it has been proposed that~으로 쓰면 된다. '제안되다'가 '(의안이나 의견으로)제의되다'란 의미로 사용될 때는 it has been proposed that으로 표현하는 것이 정확한 표현이다.

Lesson 14 이벤트에 초대할 때

Point 1 모임에 초대하는 표현
Point 2 승낙 · 거절의 표현
Point 3 고위 인사의 방문을 알리는 표현

14과에서는 이벤트 초대장, 초대장에 대한 답변, 그리고 고위 인사의 출장이나 영접 준비와 같은 친목과 사교에 관한 표현을 배운다. 초대를 받아서 출석할 때에는 '기꺼이', '꼭' 등과 같은 표현을 써서 적극적으로 참석한다는 의사를 전달하고, 출석할 수 없을 때에는 오해의 소지가 없도록 정중하게 거절하자.

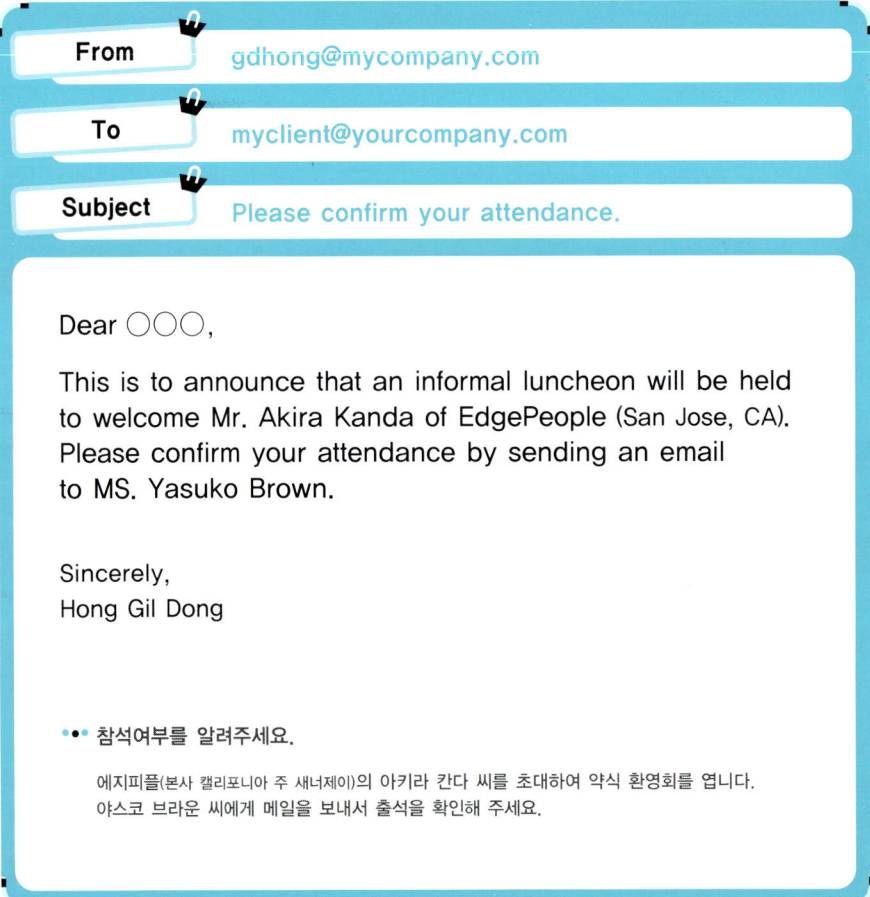

From gdhong@mycompany.com
To myclient@yourcompany.com
Subject Please confirm your attendance.

Dear ○○○,

This is to announce that an informal luncheon will be held to welcome Mr. Akira Kanda of EdgePeople (San Jose, CA). Please confirm your attendance by sending an email to MS. Yasuko Brown.

Sincerely,
Hong Gil Dong

• 참석여부를 알려주세요.

에지피플(본사 캘리포니아 주 새너제이)의 아키라 칸다 씨를 초대하여 약식 환영회를 엽니다. 야스코 브라운 씨에게 메일을 보내서 출석을 확인해 주세요.

Point 1 모임에 초대하는 표현

'열린다, 개최된다'는 will be held

Business E-mail Situation 1

This is to announce that an informal luncheon will be held to welcome Mr. Akira Kanda of EdgePeople (San Jose, CA). Please confirm your attendance by sending an email to Ms. Yasuko Brown.

에지피플(본사 캘리포니아 주 새너제이)의 아키라 칸다 씨를 초대하여 약식 환영회를 엽니다. 야스코 브라운 씨에게 메일을 보내서 출석을 확인해 주세요.

> 사람이 모이는 회합에 대해 '~가 개최됩니다'라고 말하고 싶을 때의 일반적인 표현이 will be held다. 출석 확인은 회의 때와 같이 confirm your attendance을 쓴다. 약식 환영회는 이 예문의 informal luncheon, 또 informal party라고 한다. 가벼운 점심모임 같은 것이라면 luncheon이 좋다.

Business E-mail Situation 2

To commemorate this occasion, we will have a party at the Redondo Beach Speedy Joe on November 25 from 7:00 p.m.

이것을 기념해서 11월 25일 후 7시부터 레돈도 비치 스피디 조에서 파티를 개최하게 되었습니다.

> '파티를 개최하게 되었습니다'라고 말하고 싶을 때는 have a party를 쓴다. 수동태로 a party will be had라고 말하지는 않는다. to commemorate~(~을 기념해서)의 부분을 to celebrate~(~을 축하해서)로 바꿀 수도 있다.

Business E-mail Situation 3

In order to finalize numbers, would you please advise Ms. Patty White prior to October 31 as to your attendance?

인원수 확정을 위해서 10월 31일까지 패티 화이트씨에게 출석 통지를 부탁드립니다.

> 출석 확인은 advise를 쓸 수도 있고 let~know about your attendance를 쓸 수도 있다. 혹시 '참가자 인원수를 파악하고 싶어서'라고 말하고 싶을 때는 in order to grasp the number participants로 쓴다.

Words
- commemorate 기념하다, 축하하다
- occasion 경우, 때
- finalize 끝내다, 최종적으로 승인하다

Point 2 승낙·거절의 표현

초대를 기꺼이 받아들일 때는 be delighted to accept

Business E-mail Situation ①

We are delighted to accept your invitation to the 10th anniversary party of your company which will be held on Monday, September 10 at the top floor conference room of InfoBank4U Co.

9월 10일 월요일에 인포뱅크포유 컨퍼런스룸에서 개최되는 창사 10주년 기념 파티의 초대를 기꺼이 받아들이겠습니다.

'~의 초대를 기쁘게 받아들이겠습니다'는 We are delighted to accept your invitation to~라고 쓴다. delighted를 대신해서 happy, glad, pleased, flatted와 같은 형용사를 쓸 수도 있다.

Business E-mail Situation ②

Thank you for your invitation to your 5th anniversary party of the Web service development division on Tuesday, August 12. **I will definitely attend** with my superior.

8월 12일 화요일 웹서비스 개발 부문 창설 5주년 기념 파티에 초대해 주셔서 감사드립니다. 저의 상사와 함께 꼭 참석하겠습니다.

답장에는 먼저 thank you를 써서 초대에 대한 예의를 표한다. '확실히 참석하겠습니다'는 I will definitely attend를 쓴다. definitely 외에 surely를 쓸 수도 있다.

Business E-mail Situation ③

Thank you for your invitation to the panel discussion on Web. 2.0 on Wednesday, June 25, from 6:30 p.m. to 9:00 p.m., but **I am afraid I must decline as I have a previous engagement that evening**.

6월 25일 화요일 오후 6시 30분부터 오후 9시의 '웹. 2.0에 관한 토론회'에 초대해 주셔서 감사드립니다. 유감스럽지만 선약이 있어서 참석할 수 없습니다.

초대를 거절할 때는 약간의 테크닉이 필요하다. 우리말로는 '(유감스럽게도)참석할 수 없습니다' 등으로 답장을 하지만, 그것을 그대로 직역하면 '(내가 참석해 주길 원하겠지만 공교롭게도)초대를 받아들일 수 없습니다'란 느낌을 상대에게 줄 수 있으므로, 이런 경우에는 '(조용하게) 거절합니다'의 decline를 써서 표현한다.

Words
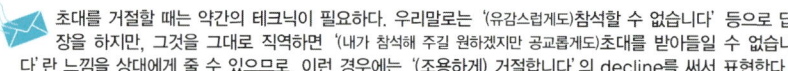
- delighted 기뻐하는 • anniversary 기념일 • conference room 회의실 • definitely 확실히
- superior 상사 • decline 거절하다 • a previous engagement 선약

Point 3 — 고위 인사의 방문을 알리는 표현

'숙소 지정'은 arrange accommodation

> **Business E-mail Situation 1**
>
> General Manager Hong Gil Dong will go on a business trip in December. Please arrange accommodations for him from the 12th to 16th December at the Castle Rock Hotel.
> 홍길동 부장이 12월에 출장을 갑니다. 12월 12일부터 16일까지 캐슬 락 호텔에 숙소를 정해 주세요.

이 문장처럼 '(출장으로)가다'는 것에 초점을 맞추고 싶다면 will go on a business trip이 좋다. 만약 '(출장으로)부재다'는 것이 메일의 요지라면 will be away on a business trip을 쓴다. '~씨를 위해 방을 정하다'는 arrange accommodation for~로 표현한다. 만약 '~씨를 위해 호텔 방을 예약하다'라면 make(arrange) hotel reservations for~가 된다.

> **Business E-mail Situation 2**
>
> Mr. Jason Redwood of LuxTech will be visiting our Incheon office from June 15 to 20, 2010.
> 룩스테크사 제이슨 레드우드 씨가 2010년 6월 15일부터 20일까지 인천 사무실을 방문하겠습니다.

누군가의 출장 방문을 알리는 '방문하겠습니다'는 visit를 쓴다. visit와 go는 실제 의미가 비슷하지만 go는 전치사 to를 취하는데 반해 visit은 전치사를 취하지 않는다. visit to라고 잘못 쓰지 않도록 주의하자.

> **Business E-mail Situation 3**
>
> General Manager Mamoru Akita will be visiting Berkeley to attend the project meeting. Would you please have someone come to the San Francisco airport to pick him up at 2:00 p.m., August 12.
> 마모루 아키타 부장이 프로젝트 회의 참가를 위해 버클리에 출장을 가므로, 8월 12일 오후 2시에 샌프란시스코 공항에 누군가를 보내서 배웅해 주세요.

배웅을 부탁할 때 쓰는 표현이다. 'have+누구누구+동사구'는 '누구누구에게 ~하게 하다'란 의미로 다양한 상황에서 쓰인다. '누군가에게 잔업을 부탁해 이 새로운 버그를 제거해 줄 수 있습니까?'는 Would you please have someone work overtime to get rid of this new bug.가 된다.

Words
- arrange 미리 준비하다
- accommodation 숙박시설
- visit 방문하다
- attend 참석하다

In More Depth 한걸음 더

날짜와 시간 표현 방법

비즈니스 메일에서는 날짜와 시간을 정확하게 전달하는 것이 매우 중요하다. 날짜나 시간을 쓰는 방법은 자주 사용되는 표현이므로 기억해 두자.

- in the early part of next month 다음 달 초순에,
  in the middle of next month 다음 달 중순에,
  in the latter part of next month 다음 달 하순에
- on or after October 10 10월 10일 이후(10일 포함),
  after November 11 11월 11일 보다 뒤에(11일을 포함하지 않음)
- sometime before or after 12:00 12시 전후에
- after 6:00 in the evening 저녁 6시 이후
- from 10:00 a.m. till 9:00 p.m. 아침 10부터 저녁 9시까지

Quiz 이런 경우에는 영어로 어떻게 표현?

Q1. This is to announce that an informal luncheon ____ ____ to welcome Mr. Akira Kanda of EdgePeople(San Jose, CA). ____ ____ your attendance by sending an email to Ms. Yasuko Brown.

에지피플(본사 캘리포니아 주 새너제이)의 아키라 칸다 씨를 초대하여 약식 환영회를 엽니다. 야스코 브라운 씨에게 메일을 보내서 출석을 확인해 주세요.

Q2. We are ____ ____ ____ your invitation to the 10th anniversary party of your company which will be held on Monday, September 10 at the top floor conference room of infoBank4U Co.

9월 10일 월요일에 인포뱅크포유 컨퍼런스룸에서 개최되는 창사 10주년 기념 파티의 초대를 기꺼이 받아들이겠습니다.

Q3. General Manager Hong Gil Dong will ____ ____ a business trip in December. Please ____ ____ for him from the 12th to 16th December at the Castle Rock Hotel.

홍길동 부장이 12월에 출장을 갑니다. 12월 12일부터 16일까지 캐슬 락 호텔에 숙소를 정해 주세요.

Answer
Q1 will, be, held, Please, confirm Q2 delighted, to, accept Q3 go, on, arrange, accommodations

Exercise 영한 번역 도전!

Ex1. SmartPro 프로젝트를 성공리에 완료한 것을 축하하여, 9월 25일에 조촐한 파티를 개최하려고 합니다. 장소는 XXXX입니다. 오후 7시 정도부터 시작합니다.

Ex2. InfoBank4U의 전(前)사원 친목회에 초대해 주신 것에 감사드립니다. 아내와 함께 꼭 참석하겠습니다.

Ex3. Harada 부장이 3월 13일에 출장을 갑니다. 일정은 다음과 같습니다. 03/12-15: San Francisco 사무실 방문, 해안 개발 프로젝트의 진척 상황 체크가 목적.

Answer

Ex1 '파티' 는 have a party를 쓴다
To celebrate the successful completion of the SmartPro project, we will have a small party on September 25. It will be at XXXX. It will begin around 7 p.m.

'성공리에 완료' 는 successful completion이다. '조촐한 파티' 는 a small party로 쓴다.

Ex2 '꼭 참석' 은 definitely attend
Thank you for inviting me to the reunion party for ex-InfoBank4U employees. I will definitely attend with my wife.

'전 InfoBank4U 사원' 은 ex-InfoBank4U employees(workers)로 쓴다. 또 '전~' 은 보통 ex-~로 쓴다. 예를 들면 '예전 여자친구' 는 ex-girlfriend. '꼭 참석해 주세요' 는 will surely attend를 써도 상관없다.

Ex3 출장으로 갈 때는 go on a business trip
General Manager Harada will go on a business trip on March 13. His itinerary looks something like this: 03/12-15, visiting the San Francisco office to check how the offshore development project has been progressing.

'해안 개발 프로젝트의 진척 상황 체크' 는 to부정사를 써서 to check how the offshore development project has been progressing이라고 쓰면 된다.

Lesson 15 정보를 수집할 때

Point 1 정보를 요청하는 표현
Point 2 흥미와 관심을 나타내는 표현
Point 3 정보원에 대해 묻는 표현

비즈니스맨에게 정보 수집은 매우 중요하다. 신문이나 잡지 등의 2차 정보가 아니라 해외 관계자로부터 직접 1차 정보를 얻을 수 있다면, 그것만으로도 앞설 수 있을 것이다. 메일은 해외로부터의 정보를 수집하는 데 강력한 통로가 된다. 상대로부터 정보를 얻어내는 비결은 먼저 이쪽의 진지한 태도를 보여주는 것이다.

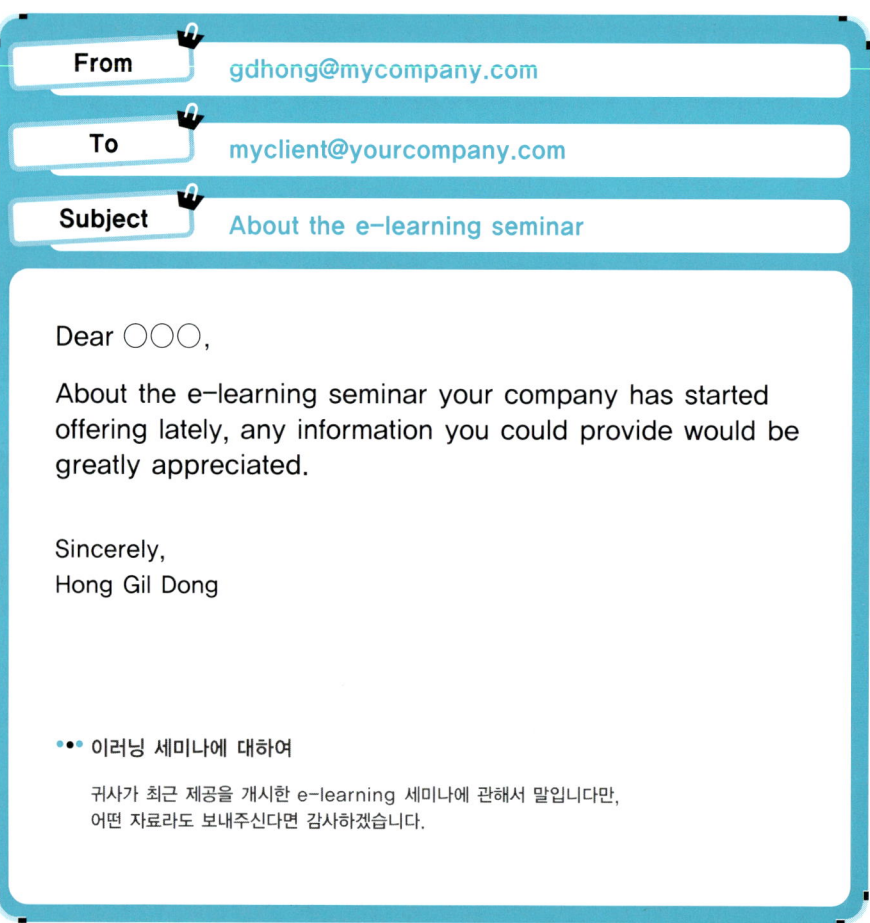

From gdhong@mycompany.com
To myclient@yourcompany.com
Subject About the e-learning seminar

Dear ○○○,

About the e-learning seminar your company has started offering lately, any information you could provide would be greatly appreciated.

Sincerely,
Hong Gil Dong

••• 이러닝 세미나에 대하여

귀사가 최근 제공을 개시한 e-learning 세미나에 관해서 말입니다만, 어떤 자료라도 보내주신다면 감사하겠습니다.

Point 1 정보를 요청하는 표현

'~에 관한 자료'는 information을 쓴다

Business E-mail **Situation 1**

Do you have any information regarding the server systems that your company is advertising?

귀사가 선전하고 있는 서버 시스템에 관한 자료는 없습니까?

'~에 관한 자료'라고 말하고 싶을 때는 information regarding~을 쓴다. material에도 '자료'란 의미가 있지만 material regarding~이라고는 말하지 않는다. '~은 없습니까?'는 심플하게 Do you have any~를 써도 상관없다.

Business E-mail **Situation 2**

About the e-learning seminar your company has started offering lately, **any information you could provide would be greatly appreciated.**

귀사가 최근 제공을 개시한 이러닝 세미나에 관해서 말입니다만, 어떤 자료라도 보내주신다면 감사하겠습니다.

 '제공해 받는다면'이란 의미로 '보내주신다면'이라고 말하고 싶을 때는 provide를 쓰는 방법도 있다. '감사하겠습니다'는 appreciate를 수동태로 써서 would be greatly appreciated라고 표현할 수 있다. '어떤 자료라도'는 any information이다.

Business E-mail **Situation 3**

I would appreciate it if you could inform us as to the specifications of the Data_Display module by tomorrow.

Data_Display 모듈 사양에 대해 내일까지 연락해 주시면 고맙겠습니다.

 '연락하다'의 inform을 '~에 대해 정보를 제공하다'란 의미로 쓸 때가 있다. 이때는 inform us~로 쓴다.

Words
• information 정보 • regarding ~에 관한 • advertise 광고하다 • specification 명세, 명세서, 사양

Point 2 흥미와 관심을 나타내는 표현

 '공부하고 싶다'를 want to know more로 말한다

Business E-mail Situation ①

I am interested in object-oriented programming and want to know more about it. In that regard, I would appreciate it if you could send me a copy of Booch's article published in the June issue of Object-oriented Review.

저는 오브젝트 지향 프로그래밍에 흥미가 있고, 그것을 공부하고 싶습니다.
그래서 '오브젝트 지향 리뷰'지 6월호에 게재된 부치의 기사를 보내주시면 기쁘겠습니다.

'~에 대해 좀 더 알고 싶다'란 의미로 '공부하고 싶다'로 말하고 싶을 때는 want to know more about~으로 쓴다. 이와 같은 문맥에서는 study를 쓰지 않는다. '보내주세요'란 직접적인 표현이 아닌 완곡한 could를 써서 '만약 보내 주신다면 기쁘겠다'와 같이 표현한 점에도 주목하자.

Business E-mail Situation ②

As I am really interested in the application you developed, I would be really happy if you could let me know the specs (such as CPU and memory) of the system you are using because I would like to find out whether it can run on my PC.

귀하가 개발하신 응용 프로그램에 아주 흥미가 있어 제 PC에도 동작이 가능한지 알고 싶은데, 귀하가 사용한 시스템 스펙(CPU나 메모리 등)을 가르쳐 주신다면 기쁘겠습니다.

'흥미가 있다'는 뜻을 전해서 무언가를 가르쳐 달라고 할 때 쓰는 표현이다. '~에 흥미가 있어'의 '어'는 가벼운 이유를 나타내고 있으므로 because~가 아닌 As~를 쓰고 있다. 이 부분을 부사절로 하지 않고 좀 더 단순하게 I am really interested in the application you developed라고 써도 된다. '~을 가르쳐 주신다면 기쁘겠습니다' 부분에서는 would와 could를 잊지 않도록 하자.

Business E-mail Situation ③

As I have been asked to give a lecture on Web business for the next in-house IT seminar, I would very much appreciate any information you could send me regarding the 2010 Web Business Conference in New York.

다음 사내 IT 연수 세미나에서 웹비즈니스에 대해 강의를 요청받아서 그러는데, 2010년 뉴욕 웹비즈니스 컨퍼런스에 관한 자료를 보내주신다면 감사하겠습니다.

 As~이하로 먼저 배경을 설명하고, regarding~(~에 관한)으로 흥미와 관심의 대상을 나타내고 있다.

Words
- be interested in ~에 흥미가 있다 • publish 발행하다 • issue 발행물, ~호 • spec = specification 사양
- lecture 강의 • in-house 사내의

Point 3 정보원에 대해 묻는 표현

 '~에 상세히 알고 있다'는 be familiar with

Business E-mail **Situation**

Could you introduce me to someone who is familiar with peripherals that are compatible with devices that we have in our office?

당사의 사무실에 있는 기기와 호환성이 있는 주변기기에 대해 상세히 알고 계신 분을 소개시켜 주시겠습니까?

'~에 대해 상세히 알고 있다'는 be familiar with~가 일반적인 표현이다. be savvy with~로 말할 때도 있다. '~을 소개해 주시겠습니까?'는 Could you introduce me to~지만, 조금 다른 말로 '(그 쪽의 성함이나 주소와 같은 것을) 가르쳐 주시겠습니까?'란 뉘앙스라면 Could you point me to~라고 쓴다.

Business E-mail **Situation**

If you know someone who is familiar with PDF security issues, I would appreciate it very much if you could introduce him/her to me. I would like to meet the person to get some advice.

만약 PDF의 보안 문제에 대해 잘 알고 계신 분을 알고 계신다면 소개해 주시면 감사하겠습니다. 만나 뵙고 조언을 구하고 싶습니다.

'~한 분을 알고 계신다면'은 If you know someone who~으로 말하는 것이 보통이다. '소개해 주신다면 감사하겠습니다'는 appreciate을 써서 표현할 수 있다.

Business E-mail **Situation**

I would appreciate it very much if you could introduce me to someone who knows an ex-coworker of Mr. James Nelson of JSE Co.

제이에스이 사의 제임스 넬슨 씨의 전 동료를 알고 계신 분을 소개해 주신다면 감사하겠습니다.

someone who~의 who~ 이하의 부분에 조건을 넣어 표현한 예다.

Words
- peripheral = peripheral device 주변장치 • be compatible with 호환되는 • security 보안
- issue 문제, 쟁점 • introduce 소개하다

In More Depth 한걸음 더

정보를 사용할 때는 승낙 받는 것을 잊지 않도록 하자

취득한 정보나 자료를 쓸 때, 주의하지 않으면 안 되는 것이 저작권 문제다. 사용할 때 승낙이 필요한지 확인할 필요가 있다. 받은 정보의 저작권자는 꼭 보내준 사람이나 회사인 것만은 아니므로 주의가 필요하다.

- **I would like to get your permission, if I may, to use** your graphical content at our Web site.
  만약 괜찮으시다면, 그래픽 콘텐츠를 당사 웹에 올리기 위한 사용 허락을 받고 싶습니다.

- **Would it be considered copyright infringement** for us to post the technical article on our in-house magazine?
  그 기술 기사를 사내 정보지에 넣는데, 저작권상 문제가 있을까요?

- I am writing this email **to get your permission to use** the image file of your memory products for our pamphlet.
  귀사의 메모리 제품 이미지 파일을 당사 팸플릿에 사용하기 위하여 귀사의 허가를 받고 싶어 메일을 보냅니다.

Words
- permission 허가 • consider 간주하다 • copyright 저작권 • infringement 위반, 위배 • article 기사, 논문

Quiz 이런 경우에는 영어로 어떻게 표현?

Q1. Do you have _____ regarding the server systems that your company is advertising.
귀사가 선전하고 있는 서버 시스템에 관한 자료는 없습니까?

Q2. I am interested in object-oriented programming and want to _____ about it. In that regard, I would appreciate it if you _____ me a copy of Booch's article published in the June issue of Object-Oriented Review.
저는 오브젝트 지향 프로그래밍에 흥미가 있고, 그것을 공부하고 싶습니다. 그래서 '오브젝트 지향 리뷰' 지 6월호에 게재된 부치의 기사를 보내주시면 기쁘겠습니다.

Q3. Could you introduce me to someone who is _____ peripherals that are compatible with devices that we have in our office?
당사의 사무실에 있는 기기와 호환성이 있는 주변기기에 대해 상세히 알고 계신 분을 소개시켜 주시겠습니까?

Answer
Q1 any, information   Q2 know, more, could, send   Q3 familiar, with

Exercise 영한 번역 도전!

Ex1. 2010년 11월 17일 메일로 보내주신 신문기사에 관해서입니다만, 어떤 자료라도 보내주시면 감사하겠습니다.

Ex2. 귀사가 올 한해, 오픈 소스 프로젝트로 진행한 웹 서비스 시스템 개발에 대해 알고 싶은데, 개인적으로 만나 뵙고 이야기를 나눌 수 있다면 감사하겠습니다.

Ex3. 다음 사내 IT 연수 세미나에 웹비즈니스에 대해 강의를 요청받아서 그러는데, 2010년 뉴욕 웹비즈니스 컨퍼런스에 참가한 분을 소개해 주시면 감사하겠습니다.

Answer

Ex1 provide를 써서 '보내주신다면'을 표현

About the newspaper article you emailed me on November 17, 2010, any information you could provide would be greatly appreciated.

포인트①에서 설명한 예문의 응용표현이다.

Ex2 정보를 얻기 위해서는 흥미를 나타낸다

As I want to learn more about the Web service system development which your company has been carrying out as an open source project for about a year, I would very much appreciate it if I could meet with you to talk about it.

여기서는 know가 아닌 learn을 쓰고 있다. '개인적으로 만나 뵙고 이야기를 나눌 수 있다면'은 '개인적으로'를 굳이 번역하지 않고 if I could meet with you to talk about it으로도 써도 된다.

Ex3 소개받을 때의 기본 표현

As I have been asked to give a lecture on Web business for the next in-house IT seminar, I would appreciate it very much if you could introduce me to someone who has been to the 2010 Web Business Conference in New York.

'~에 소개해 주신다면 감사하겠습니다'는 would appreciate it very much if you could introduce me to~를 쓴다. '~에 대해 강의를 요청받았다'는 I have been asked to give a lecture on~로 쓴다. '~에 참가한 누군가' 는 someone who has been to~로 번역할 수 있다.

Lesson 16 방문을 요청할 때

Point 1 만남을 요청하는 표현
Point 2 승낙·사양의 표현
Point 3 회사 방문을 요청하는 표현

메일로 많은 용건이 처리되는 시대라고는 하나 직접 만나서 이야기를 나누는 것은 여전히 비즈니스의 중요 사안이다. 만남을 요청할 때에는 정중한 표현을 쓰고, 누군가 만나자고 제의를 했을 때는 빠른 시간 내에 답장을 하는 것이 좋다. 이 과에서는 비즈니스 관계로 만남을 약속하는 다양한 표현에 대해 배워 보자.

From: gdhong@mycompany.com
To: myclient@yourcompany.com
Subject: Request for an appointment

Dear ○○○,

Is it possible to set up an appointment with you early next week to discuss the progress report of this project?

Sincerely,
Hong Gil Dong

••• 약속 요청
다음 주 초에 만나 뵙고, 이 프로젝트의 진척 사항에 대해 논의할 수 있겠습니까?

Point 1 만남을 요청하는 표현

 부탁의 기본 표현을 쓴다

Business E-mail Situation 1

If it is possible, I would like to see you in person to hear your opinion on this new technology.
괜찮으시면 한번 만나 뵙고 이 새로운 기술에 대해 직접 이야기를 나누고 싶은데, 어떠신가요?

> If it is possible, I would like to~(괜찮으시다면, ~하고 싶습니다만)은 부탁할 때 쓰는 기본 표현으로, 만남을 요청할 때 쓴다. '어떠신가요?'는 how about it?이라고 굳이 쓰지 않아도 뉘앙스로 느낄 수 있다.

Business E-mail Situation 2

Would it be possible to meet with you on March 10 and discuss the next version upgrade?
3월 10일에 만나 뵙고, 다음 버전 업그레이드에 대해 이야기 나눌 수 있을까요?

> 만남을 요청하는 메일에서 자주 쓰는 표현이다. 만남의 화제를 문장 안에 넣을 때는 discuss~나 talk about~을 쓰면 된다. '~에 대해'에 너무 신경을 쓴 나머지 discuss about이라고 쓰지 않도록 주의하자. discuss에는 전치사 about이 필요 없다.

Business E-mail Situation 3

Is it possible to set up an appointment with you early next week to discuss the progress report of this project?
다음 주 초에 만나 뵙고 이 프로젝트의 진척 사항에 대해 이야기 할 수 있을까요?

> set up an appointment with you to~(~하는 약속을 잡다)와 거의 비슷한 표현으로 make an appointment with~가 있다. 이것은 I almost forgot to make an appointment with my dentist.(치과에 예약 하는 것을 깜박 잊어버릴 뻔했다.) 등과 같이 사용하며, '~에 예약을 하다, 예약을 잡다'와 같이 만날 약속을 잡는 경우에 사용하지는 않는다.

Words
• possible 가능한 • hear 듣다 • in person 직접, 몸소 • opinion 의견, 견해 • discuss 논의하다
• appointment 약속

Point 2 승낙·사양의 표현

'(시간을)내다'는 spare를 쓴다

Business E-mail Situation 1

Surely, I can meet with you. I think I can spare about one hour for you.

물론, 만나 뵙는 것은 가능합니다. 1시간 정도라면 시간을 낼 수 있습니다.

'물론, ~하는 것은 가능합니다'라고 할 때의 '물론'은 surely, certainly, definitely 등으로 쓴다. '~정도 시간을 내다'는 spare about~을 써서 표현할 수 있다. '(시간이 없지만)~정도의 시간이라면 어떻게 해보겠다'란 의미라면 '짜내다'란 의미의 squeeze in을 써서 squeeze in about~로 쓰는 방법도 있다.

Business E-mail Situation 2

Yes, I can meet you at that time because I will be free. Incidentally, I would like to bring Mr. Hong Gil Dong of SymetricData with me to the meeting with you. Would that be all right with you?

그 시간이라면 비어 있어서 괜찮습니다. 그런데 시메트릭데이터 사의 홍길동씨도 데려가고 싶은데 괜찮으시겠습니까?

'그 시간이라면 비어 있습니다'란 말로 만남을 승낙할 때 쓰는 표현이다. 함께 누군가를 데리고 가고 싶을 때는 I would like to bring~to the meeting이라고 쓰고 나서 Would that be all right with you?로 상대방의 승낙을 정중하게 구하면 된다.

Business E-mail Situation 3

I am very sorry but I will be occupied that week.
I hope that I can see you some other time.

유감이지만, 그 주는 바쁩니다. 다른 기회에 또 만나 뵈었으면 합니다.

'무언가 할 예정이 있어서 시간이 비어 있지 않다'란 의미로 '바쁩니다'라고 말하고 싶을 때는 be occupied를 쓴다. 구어적으로 '지금 좀 바빠요'는 I am kind of occupied now를 쓰기도 한다.

Business E-mail Situation 4

Thank you for asking me to meet with you, but I am afraid I must decline as I don't think I can be of much help.

모처럼의 제의신데, 제가 아무 도움이 드릴 수 없을 것 같아 만남 요청 건은 사양하겠습니다.

'~의 건은 사양하겠습니다'의 '사양하다'는 '(정중하게)거절하다'란 의미이므로 decline을 써서 말하면 된다.

Words
• spare 시간을 내다 • occupied 바쁜

Point 3 회사 방문을 요청하는 표현

'시간이 비어있다'는 available

Business E-mail Situation ①

Since I am available on Monday, November 17, it would help me a lot if you could come to our place.

11월 17일 월요일은 시간이 비어 있으므로, 만약 가능하다면, 당사로 와주신다면 고맙겠습니다.

'~의 일은 시간이 비어 있습니다'는 available on~이나 free on~으로 표현할 수 있다. '조금 빈 시간이 있다'고 말하고 싶을 때는 have some spare time으로 쓴다. '와주신다면 고맙겠습니다'의 '고맙겠습니다'는 위와 같이 it을 help의 주어로 해서 쓰는 것이 일반적이다.

Business E-mail Situation ②

We are wondering if you and your project manager would like to come to our office to discuss this development contract (with us) on Monday, May 19.

5월 19일 월요일에 귀하와 귀하의 프로젝트 매니저가 저희 회사에 오셔서 이 개발 계약에 대해 상담이 가능하신지 궁금합니다.

회사에 와달라고 부탁하는 것은 상대방에게 그만큼의 노력을 강요하는 것이므로 신경 써서 말할 필요가 있다. 이때 상대방의 의향을 묻는 wondering if~를 쓰는 것도 하나의 방법이다.

Business E-mail Situation ③

It looks difficult for me to go to your place, but if you could come to see me at my office, I could probably spare you about one hour from 6:00p.m.

시간적으로 그쪽으로 가는 것은 무리일 것 같습니다. 만약 당사로 와 주실 수 있다면 오후 6시부터 1시간 정도 시간을 낼 수 있습니다.

'무리일 것 같습니다' 등의 이유를 말하면서 '와 주실 수 있다면'이란 가정문을 써서 의향을 묻는 방법도 있다.

Words

- a lot 많은
- wonder ~이 아닐까 생각하다
- difficult for me to 내가 ~하는 것은 어렵다

In More Depth 한걸음 더

만나게 해 주고 싶은 다른 사람을 소개할 때의 표현

자신이 만나는 것이 아니라 만나고 싶다는 다른 사람을 지인에게 소개할 때의 표현을 알아보자. '그로부터 (당신에게) 연락하게 하겠습니다'는 '그에게 지시를 줘서 (당신에게) 연락하게 하겠다'란 의미라면 아래와 같은 예문이 된다. 보다 일반적인 말로 사역동사 have를 써서 have him get in touch with you도 쓴다.

- Hong Gil Dong, who works for me, wishes to listen to your opinion on this matter. I would appreciate it if you could see him as **I will instruct him to get in touch with you.**
  제 부하직원 홍길동씨가 이 건에 대해 귀하로부터 의견을 듣고 싶은 것 같습니다. 홍길동씨 본인에게 직접 연락하도록 할 테니, 잘 지도해 주세요.

'꼭 만나 뵙고 싶다고 합니다'는 wish to see you(만나 뵙는 것을 원하고 있습니다)라고 하면 된다.

- Mr. Hong Gil Dong of my development team **wishes to see you** (if he can). Since he is scheduled to visit San Jose next month, **I would appreciate it if you could listen to him and give him some advice.**
  제 개발 팀의 홍길동씨가 꼭 만나 뵙고 싶다고 합니다. 다음 달 새너제이에 갈 예정인데, 그에게 많은 충고 부탁드립니다.

Words
- instruct 지시하다, 명령하다

Quiz 이런 경우에는 영어로 어떻게 표현?

Q1. If ___ ___ ___, I would like to see you in person to hear your opinion on this new technology.
괜찮으시면 한번 만나 뵙고 이 새로운 기술에 대해 직접 이야기를 나누고 싶은데, 어떠신가요?

Q2. ___, I can meet with you. I think I ___ about one hour for you.
물론, 만나 뵙는 것은 가능합니다. 1시간 정도라면 시간을 낼 수 있습니다.

Q3. Since I am ___ on Monday, November 17, it would ___ a lot if you cold come to our place.
11월 17일 월요일은 시간이 비어 있으므로, 만약 가능하다면, 당사로 와주신다면 고맙겠습니다.

Answer
Q1 it, is, possible Q2 Surely, can, spare Q3 available, help, me

Exercise 영한 번역 도전!

Ex1. Steve Fiveball씨의 제안에 대한 우리의 생각을 설명할 약속을 잡는 것은 가능할까요? 만약 다음 주 스케줄이 이미 다 짜여 있다면 시간은 그쪽의 사정에 맞추겠습니다.

Ex2. 그 시간이라면 비어 있어서 괜찮습니다. 그런데 계약의 초안을 가져가고 싶습니다. 괜찮으세요?

Ex3. 여러분이 저희 회사로 오시는 것이 가장 좋을 것 같습니다. 만약 제 사무실로 오실 수 있다면 10월 11일 오후 4시부터 2시간 정도가 가능합니다.

Answer

Ex1 '약속을 잡다'는 set up an appointment with~

Is it possible to set up an appointment with you to explain our thoughts on Mr. Steve Fiveball's proposal? If your schedule is full next week, I am prepared to accommodate my schedule according to yours.

'시간은 그쪽의 사정에 맞추겠습니다'는 '자신의 스케줄을 그쪽의 스케줄에 맞출 용의가 있습니다'라고 번역해서 I am prepared to accommodate my schedule according to yours라고 한다. 이 표현은 사용할 기회가 많은 표현이므로 잘 기억해 두면 편리할 것이다.

Ex2 '그 시간이라면 비어 있다'라고 만남을 승낙할 때 쓰는 표현

Surely, I can meet you at that time because I will be free. By the way, I would like to bring a draft of the contract with me. Would that be all right with you?

포인트② 예문의 응용 표현이다. '그런데'는 incidentally를 써도 상관없다.

Ex3 내사하실 수 있는지 의향을 물을 때 쓰는 표현

It seems that it is most convenient for every party to get together at our office. If you can come see me at my office, I can probably spare you about two hours from 4:00 p.m. on October 11.

if~를 써서 내사할 수 있는지 의향을 묻고 있다. '여러분이 ~해 주시는 것이 가장 좋을 것 같다'는 표현은 it is most convenient for every party to~라고 하면 된다. '함께 모이다'는 의미로 '모이다'를 말할 때는 get together를 쓴다.

Lesson 17 만날 약속을 조정할 때

Point 1 장소를 조정하는 표현
Point 2 날짜와 시간을 조정하는 표현
Point 3 약속을 변경·취소하는 표현

상대가 제시한 날짜나 시간에 급한 일이 생기면 이쪽의 사정을 바르게 전달해서 서로 조정할 필요가 있다. 불가피한 사정으로 약속을 깨야 하는 상황이 생겼을 때는 관계에 악화되지 않도록 정중하게 이유를 전달해야 한다. 16과에 이어 구체적으로 만날 장소, 날짜와 시간의 조정이나 변경에 관한 표현을 배워 보자.

From: gdhong@mycompany.com
To: myclient@yourcompany.com
Subject: About our meeting on November 10

Dear ○○○,

Concerning our meeting on November 10, please let me know if you have any particular place in mind for us to get together.

Sincerely,
Hong Gil Dong

••• 11월 10일 모임에 대하여
11월 10일 미팅 건입니다만, 미리 생각해 두신 다른 특정한 장소가 있다면 알려 주세요.

Point 1 장소를 조정하는 표현

'다른 특정한 장소'는 any particular place

Business E-mail Situation

Concerning our meeting on November 10, please let me know if you have any particular place in mind for us to get together.
11월 10일 미팅 건입니다만, 미리 생각해 두신 다른 특정한 장소가 있다면 알려 주세요.

 if you have any particular place in mind로 '미리 생각해 두신 다른 특정한 장소가 있다면'의 의미가 된다. 덧붙여서 any particular~in mind란 표현은 예를 들면 if you have any particular application in mind for us to use(미리 생각해 두신 어떤 특정한 응용 프로그램이 있다면)과 같이 폭넓게 응용하여 사용할 수 있다.

Business E-mail Situation

We can get together for the meeting either at your place or mine. Which will be more convenient for you?
미팅 장소는 귀사와 당사 중 어느 쪽이 괜찮으신가요?

미팅 장소가 여러 곳 있을 때 상대의 의향을 묻는 표현이다. '~하는 것은, ~와 ~중 어느 쪽이 괜찮으신가요?'는 which will be more convenient for you to~between~and~?와 같이 하나의 의문문으로 쓸 수도 있다. 다만 긴 문장처럼 느껴질 우려가 있을 때는 위 예문처럼 '~의 장소는 ~와 ~중 어느 쪽이라도 가능합니다. 어느 쪽이 괜찮으신가요?'로 2개의 문장으로 하는 것이 좋다. 마지막으로 '괜찮으신가요?'라고 붙이고 싶을 때는 more를 less로 바꿔도 된다.

Business E-mail Situation

Should I come to your place? Or, is it possible for you to come to our place?
제 쪽에서 찾아뵐까요? 아니면 이쪽으로 오실 수도 있으신가요?

'제 쪽에서 그쪽 장소에 찾아뵙다'고 하는 의미로 '가다'는 go가 아닌 come이 된다. 또 '찾아뵙다'란 겸양어 뉘앙스를 영문에 반영하기 위해 조동사 should를 써서 Should I come to your place?라고 하고 있다. 또 '제 쪽에서 그쪽으로 가는 것이 좋겠습니까?'라면 Do you want me to come to your place?라고 하면 된다.

Words
- concerning ~에 관하여
- particular 특정한, 특별한
- convenient 편리한, 형편이 좋은

Point 2 날짜와 시간을 조정하는 표현

'적당한 날짜와 시간'은 convenient(형편이 좋은)을 써서 표현

Business E-mail Situation ①

Can you name a couple of dates that will be convenient for you in 5 days time between July 7-11?
7월 7일부터 11일까지의 5일 사이에 적당한 날짜와 시간을 2개쯤 알려 주세요.

'적당한 날짜와 시간을 알려 주세요'에서 '적당한'은 직역하지 말고 convenient for you(당신에게 편리한)으로 표현한다. 여러 개 중에서 지명하여 '알려주다'는 의미를 나타낼 때에 name이란 단어를 쓸 수 있다. 물론 let me know로 써도 OK!

Business E-mail Situation ②

I am afraid that I am occupied and have no opening tomorrow but I have an opening on Monday, July 24 from 2:00 p.m. to 4:00 p.m.
내일은 스케줄이 꽉 차 있습니다만, 7월 24일(월요일) 오후 2시부터 오후 4시까지라면 괜찮습니다.

상대가 제시한 날짜와 시간에 사정이 좋지 않아서 다른 날짜와 시간을 타진할 때 쓰는 기본적인 표현이다. '스케줄이 꽉 차 있습니다'는 I am occupied and have no opening(스케줄이 꽉 차 있어서 빈 시간이 전혀 없습니다)라고 쓰면 된다.

Business E-mail Situation ③

I will be free anytime next week. How about we meet next Thursday, February 18, at 4:00, if it is convenient for you?
다음 주는 어느 시간대라도 비어 있습니다. 당신이 괜찮으시다면, 다음 주 2월 18일 목요일 4시는 어떠신가요?

어느 시간이든 좋다는 의미로 I will be free anytime을 사용한다. 또 상대에게 특정한 시간대에 만날 것을 제안할 때는 How about we meet 다음에 특정 날짜를 넣어서 표현한다.

Words
• name 지명하다 • opening 틈, 기회 • how about~? ~는 어떤가요?

Point 3 약속을 변경·취소하는 표현

약속의 변경은 reschedule our appointment

Business E-mail Situation ①

I'm afraid that something came up and I won't be able to meet you next Tuesday. Is it possible to reschedule our appointment for Monday, April 15, at 10:00?

죄송합니다만 다음 주 화요일은 사정이 좋지 않게 됐습니다. 4월 15일 수요일 10시로 약속 스케줄을 변경할 수 있습니까?

> 만날 약속의 변경은 reschedule our appointment다. 시작 부분의 I'm afraid that something came up은 '예기치 않은 일이 생겨서…, 급한 일이 생겨서…'란 의미지만, 정말로 급한 지 알아보는 사람은 없을 것이다. 정해진 약속을 변경하고 싶을 때는 이와 같이 한마디 덧붙여 주면 큰 무리 없이 약속을 변경할 수 있을 것이다.

Business E-mail Situation ②

Could you tell me when you would like to meet next week because I think I can do something to my schedule?

다음 주라면 어떻게 될 것 같은데, 원하시는 날짜와 시간을 지정해 주시겠어요?

> '~의 주라면 어떻게 될 것 같습니다'는 '자신의 스케줄을 어떻게 조정할 수 있다'란 의미에서 because I think I can do something to my schedule로 쓴다.

Business E-mail Situation ③

I was going to visit you at your Seoul office tomorrow night, but I'm afraid I cannot make it. How about the following Tuesday at 4:00?

내일 밤 서울 사무실에 귀하를 찾아뵐 예정이었지만 그럴 수 없게 됐습니다. 다음 주 화요일 4시로 하면 어떠신가요?

> I'm afraid I cannot make it은 '(죄송합니다만)그럴 수 없게 됐습니다'란 의미로 여러 가지 상황에 쓰이므로 기억해 두면 편리하다. 또 '~은 어떠신가요?'로 약간의 제안을 할 때는 How about~?이란 의문형식의 표현을 자주 쓴다. 다만, 이 표현은 동사가 없어서 연발해서는 안 된다.

Words
- reschedule (약속이나 일정을)다시 잡다

In More Depth 한걸음 더

약속을 취소할 때의 표현

어떤 이유를 들어 '취소해야만 합니다'를 단순히 I must cancel~이라고 쓰면 상대에게 실례가 된다. I am afraid that I must cancel~이라든가 I am sorry but I must cancel~고 같은 정중한 말로 해야 추후 인간관계에도 악영향을 끼치지 않게 되므로 주의가 필요하다.

- I'm afraid that I must cancel our appointment for Monday, April 10, at 10:00 because I have to meet Manager Russell Franklin of the development division and give a presentation on the new product.
  개발부의 러셀 프랭클린 부장에게 신제품 프리젠테이션을 해야 해서, 4월 10일 월요일 10시 약속을 취소해야 합니다.

Quiz 이런 경우에는 영어로 어떻게 표현?

Q1. Concerning our meeting on November 10, please let me know if you have _____ _____ in mind for us to get together.
11월 10일 미팅 건입니다만, 미리 생각해 두신 다른 특정한 장소가 있다면 알려 주세요.

Q2. Can you name a couple of dates that will be _____ _____ in 5 days time between July 7 – 11?
7월 7일부터 11일까지의 5일 사이에 적당한 날짜와 시간을 2개쯤 알려 주세요.

Q3. I'm afraid that something came up and I won't be able to meet you next Tuesday. Is it possible to _____ _____ _____ for Monday, April 15, at 10:00?
죄송합니다만 다음 주 화요일은 사정이 좋지 않게 됐습니다. 4월 15일 수요일 10시로 약속 스케줄을 변경할 수 있습니까?

Answer
Q1 any, particular, place   Q2 convenient, for, you   Q3 reschedule, our, appointment

Exercise 영한 번역 도전!

Ex1. 아래 주소로 오실 수 있으신가요? 그렇지 않으면 만나 뵐 장소를 정해 주시겠어요?

Ex2. 2월 10일은 스케줄이 꽉 차 있습니다만, 다음 주 2월 17일 목요일 3시라면 비어 있습니다.

Ex3. 내일 귀하와 점심식사를 함께할 예정이었는데 그렇게 할 수 없게 됐습니다.
모레 오후 7시에 만나 뵙는 것은 어떠신가요?

Ex4. 죄송합니다만, 예상치 못한 일로 인해, 2월 17일 목요일 3시 약속은 지키지 못하게 됐습니다.

Answer

Ex1 Or로 2개의 문장을 연결한다

Could you visit us at the following address? Or, could you name a place where you want to meet at?

'또는'이란 뜻의 or로 2개의 문장을 연결하고 있다. '~에 오실 수 있는지'는 '~에 나를 만나러 와 달라'란 의미로 visit me at~을 쓸 수 있다. '만날 장소를 정하다'라고 말할 때는 '정하다'에 해당하는 영어는 name 또는 let me know다.

Ex2 '스케줄이 꽉 차 있습니다'는 occupied

I am afraid that I am occupied and have no openings on February 10 but I have an opening next Wednesday, February 17, at 3:00.

'모든 스케줄이 꽉 차 있습니다'는 I am afraid that I am occupied and have no opening이다.
'다음 주 2월 17일 목요일 3시'는 next Wednesday, February 17, at 3:00로 쓴다.

Ex3 사정이 나빠졌을 때 자주 쓰는 I'm afraid I cannot make it

I was going to have lunch together with you tomorrow, but I'm afraid I cannot make it. How about meeting at 7:00 on the day after tomorrow?

'그렇게 할 수 없게 됐습니다'는 I'm afraid I cannot make it이다. '이렇게 하는 것은 어떠신가요?'는 How about...?이란 표현을 쓴다.

Ex4 사과할 때 쓰는 전형적인 표현 응용

I am sorry to inform you that I won't be able to keep our appointment for Wednesday, February 17, at 3:00 due to circumstances beyond my control.

'죄송합니다만, 약속은 지키지 못하게 됐습니다'는 사과할 때 전형적으로 쓰는 표현인 I am sorry to inform you that~에 '약속을 지킬 수 없게 됐습니다'란 의미의 I won't be able to keep our appointment를 이어 써서 완성하면 된다. '예기치 못한 일'는 due to circumstances beyond my control로 영문 메일에서 자주 등장하는 단골 표현이다.

Lesson 18 프로젝트를 진행할 때

Point 1 스케줄을 전달하는 표현
Point 2 진행 상황을 확인하는 표현
Point 3 목표를 알리고 공유하는 표현

요즘은 외국 사람들과 함께 팀을 조직해서 프로젝트를 진행하는 경우가 종종 있다. 프로젝트의 담당자는 진행 상황을 정확하게 파악해야 한다. 정기적으로 문의 메일을 보내고, 일정에 문제가 생기지 않았는지 확인해야 한다. 또한 일의 목표를 구성원들에게 정확하게 전달하고 공유하는 것도 중요한 일 중 하나이다.

From: gdhong@mycompany.com
To: myclient@yourcompany.com
Subject: The project schedule

Dear ○○○,

Now that we plan to go forward with the project in line with the following schedule, your cooperation will be appreciated.

Sincerely,
Hong Gil Dong

• 프로젝트 일정
  아래 스케줄에 따라 프로젝트를 진행할 예정이므로 협조해 주세요.

Point 1 스케줄을 전달하는 표현

go forward with로 (프로젝트를) 진행한다

Business E-mail Situation **1**

Now that we plan to go forward with the project in line with the following schedule, your cooperation will be appreciated.

아래 스케줄에 따라 프로젝트를 진행할 예정이므로 협조해 주세요.

'프로젝트를 진행한다'의 '진행하다'를 영어로 어떻게 말할지 바로 생각나지 않을지도 모르겠지만, go forward with로 표현할 수 있다. Now that~는 가벼운 이유를 나타내고 싶을 때 '~라서'란 뉘앙스로 쓴다. your cooperation will be appreciated는 '협조해 주세요'를 정중하게 표현하는 하나의 전형적인 표현이다. '아래 스케줄에 따라'는 in line with the following schedule로 쓸 수 있다.

Business E-mail Situation **2**

The next month's schedule for the product group looks something like this:

프로젝트 그룹의 대략적인 다음 달 스케줄은 다음과 같습니다.

 이후 스케줄 전달에 자주 쓰는 표현이다. 콤마(:) 후에 일정을 나열하면 된다. 또 이 표현의 something 부분을 roughly나 more or less로 써도 '대개, 대강'이란 의미가 된다.

Business E-mail Situation **3**

The Hong Gil Dong group's schedule over the next few weeks includes taking part in the project group meetings, brainstorming with the prototyping group, and visiting the San Jose office.

홍길동씨 팀의 향후 몇 주간의 스케줄은 프로젝트 그룹 미팅 참가, 프로토타이핑 그룹과의 브레인스토밍, 그리고 새너제이 사무실 방문입니다.

include란 동사를 쓴 표현이다. the next few weeks 부분을 바꾸는 것만으로 여러 가지 기간의 스케줄에 대응할 수 있다. 또 일정으로 복수의 표현을 열거하고 있는데, 이 경우 품사를 일치시킬 필요가 있다. 이 예문에서는 3개의 명사구를 나열하고 있다.

Words
- in line with ~와 일치하여, ~에 따라서   • take part in ~에 참가하다
- brainstorm 브레인스토밍(brainstorming)하다(브레인스토밍- 자유로운 분위기 속에서 어떤 주제에 대한 이야기를 하면서 창의적인 해결책을 찾아가는 것.)   • prototype 원형, 견본

Point 2 진행 상황을 확인하는 표현

'언제나 알려 주세요'는 keep me informed

Business E-mail Situation 1

Please keep me informed by email about how this development project is going.

이 개발 프로젝트의 진척 상황을 언제나 메일로 알려 주세요.

'~에 대해 메일로 언제나 알려 주세요'는 please keep me informed by email about~으로 쓰면 된다. 이 keep me informed는 '뭔가 진전이 있다면 그때마다 알려 주세요'란 의미로 비즈니스 영문 메일에서 아주 많이 쓴다.

Business E-mail Situation 2

How is everything coming along with your project lately?

귀하의 개발 프로젝트입니다만, 요즘 진행 상황은 어떠세요?

진척 상황을 물을 때 기본 표현 중 하나다. 이 How is everything coming along?과 같은 표현은 '~의 (전반적인)상태는 어떻습니까?'란 의미로 쓴다. 프로젝트에 한정시켜 How is project coming along?이라고 묻는 방법도 잘 쓴다.

Business E-mail Situation 3

Please try to **identify the current problems** with the AA project.

AA 프로젝트에 관한 현재의 문제점을 파악해 주세요.

진행 과정에서 어떤 문제가 있을 때 '문제점을 파악해 주세요'라고 자주 쓰는 표현이다.

Words
- keep 계속하다
- inform 알려주다
- come along 지내다, 잘하다
- lately 요즘은, 최근에
- current 지금의, 현재의

Point 3 목표를 알리고 공유하는 표현

목적을 알릴 때는 The purpose of~is to~

Business E-mail Situation

The purpose of our activities is to improve the processing speed of this mail server.

우리 활동의 목적은 이 메일 서버의 처리속도를 향상시키는 것입니다.

 The purpose of~is to~(~의 목적은 ~하는 것입니다)는 목표나 목적을 멤버에게 알릴 때 자주 사용하는 표현 중 하나다. to~는 부정사다. IT분야에서 자주 쓰는 '처리 속도를 향상시키다'의 '향상시키다'는 'improve(질적으로, 성능을) 개선하다'를 써서 표현하면 된다.

Business E-mail Situation

We aim to close the deal with AquosTech co. within the following two weeks.

앞으로 2주 이내에 아쿠오스테크 사와의 상담을 성사시키는 것이 우리의 목표입니다.

 목표를 알리고 싶을 때 쓰는 표현이다. We aim to~(우리는 ~할 것을 목표로 한다)외에도 Our goal is to~(to~는 부정사)란 표현도 있다.

Business E-mail Situation

The message I wanted to get across to Ms. Karen Lafayette, the chief engineer, is that we have every intention of improving the processing speed of this server software.

기술주임 카렌 라파예트 씨에게 제가 전하고 싶었던 메시지는 '저희 회사는 항상 이 서버 소프트웨어의 처리 속도를 향상시키고 싶어 한다'란 것입니다.

'~하고 싶어 한다'라고 목표를 전달할 때에는 would like to~나 want to~와 같은 간단한 말 외에도 '(기꺼이) ~할 의사가 있다'는 뉘앙스의 have every intention of~도 있다. 이때, '~'의 부분의 품사는 명사다. 그러나 '~하다'란 의미의 표현을 여기에 쓰고 싶을 때는 동명사를 쓸 필요가 있다.

Words
- purpose 목적 • activity 활동 • improve 개선하다 • processing speed 처리속도
- close the deal 상담을 성사시키다 • get across to ~로 전달하다 • intention 의도, 의향

In More Depth 한걸음 더

일의 기간을 정확하게 전달하자

스케줄 관리에는 일의 기간을 정확하게 전달하는 것이 중요하다. 이런 때에 도움이 되는 표현 몇 가지를 소개한다.

- Please get the no. 3 meeting room ready 5 **minutes before** the project meeting.
  프로젝트 미팅 개시 5분전에는 제 3회의실의 준비를 끝마쳐 주세요.

- Please call me **as soon as** everybody is ready.
  전원 준비가 되는 대로 전화 주세요.

- When you are done with the meeting, please email me its minutes **within the day**(before the end of the day).
  미팅이 끝나면 그 날 안에 의사록을 제게 메일로 보내 주세요.

Words
- minutes 의사록

Quiz 이런 경우에는 영어로 어떻게 표현?

Q1. Now that we plan to _____ the project in line with the following schedule, your cooperation will be appreciated.
아래 스케줄에 따라 프로젝트를 진행할 예정이므로 협조해 주세요.

Q2. Please _____ by email about how this development project is going.
이 개발 프로젝트의 진척 상황을 언제나 메일로 알려 주세요.

Q3. _____ our activities is to improve the processing speed of this mail server.
우리 활동의 목적은 이 메일 서버의 처리속도를 향상시키는 것입니다.

Answer
Q1 go, forward, with   Q2 keep, me, informed   Q3 The, purpose, of

Exercise 영한 번역 도전!

Ex1. 보안 결함이 발견됐습니다. 수정 스케줄은 대강 아래와 같습니다.

Ex2. A2ZLink 프로젝트 그룹의 이번 주 스케줄은 월요일부터 수요일-디버그, 목요일과 금요일- Smith씨와의 미팅, 토요일-Redmond 사무실 방문입니다.

Ex3. 귀하가 요즘 2개월간 관리하고 있는 개발계획 말입니다만, 요즘 진척 상황은 어떠신가요?

Ex4. 본 계획의 주요 목적은 하반기 신제품 시장 점유율을 높이는 것입니다.

Answer

Ex1 '대강 다음과' 란 표현
A security hole has been discovered. Our schedule to fix it looks something like this:

'대강 다음과 같습니다'의 '대강'을 번역할 때는 포인트1에서 배운 것처럼 몇 가지 선택 방법이 있다. '수정 스케줄'은 Our schedule to fix it이다. '패치를 설치할 예정'이라고 말하고 싶을 때는 our schedule to patch it라고 하면 된다.

Ex2 include를 쓴 스케줄 전달
This week's schedule for the A2ZLink project group includes debugging on Monday through Wednesday, meeting with Mr. Smith on Thursday and Friday, and visiting the Redmond office on Saturday.

'포함합니다'의 include와 같은 동사를 써서 '이번 주 스케줄은 ~, ~, ~을 포함한다'로 쓰면 된다. '월요일부터 수요일'의 '부터'는 Monday through Wednesday다. '부터'에 얽매여 from을 쓸 필요는 없다. '(~을) 방문하다'의 visit는 완전 타동사이므로 직접 목적어에 전치사를 붙일 필요는 없다.

Ex3 상황을 물을 때는 How is everything coming along
How is everything coming along with the development plan you have been supervising for the past 2 months lately?

포인트②에서 말한 상황인식 표현이다. '(~을)관리하다, 지휘하다'의 supervise는 supervisor(슈퍼바이저, 상사)와 어원이 같은 단어다.

Ex4 목표를 알리는 기본 표현
The primary purpose of this plan is to increase the market share of the new product of our company in the latter half of the year.

'주된 목적'은 the primary purpose를 쓴다. '시장 점유율을 높이다'의 '높이다, 확대하다'를 표현할 때는 increase나 expand란 동사를 쓴다. 시장 점유율 이야기라면 increase, 면적적인 확대의 이야기라면 expand가 맞다.

Lesson 19 프로젝트에 문제가 발생했을 때

Point 1 문제 발생을 알리는 표현
Point 2 기간 연장을 요청하는 표현
Point 3 일의 중지를 통지하는 표현

일의 진행에 어떤 문제가 생겼다면 원인을 파악해서 적당한 해결책을 찾아야 한다. 또 아무리 노력해도 기간에 맞출 수 없다고 판단된다면 하루라도 빨리 기간의 연장을 요구하는 것이 좋다. 최악의 경우, 본의 아니게 프로젝트 자체의 중지 등을 통지해야 하는 경우도 있다. 이럴 때 쓰는 표현들을 알아보자.

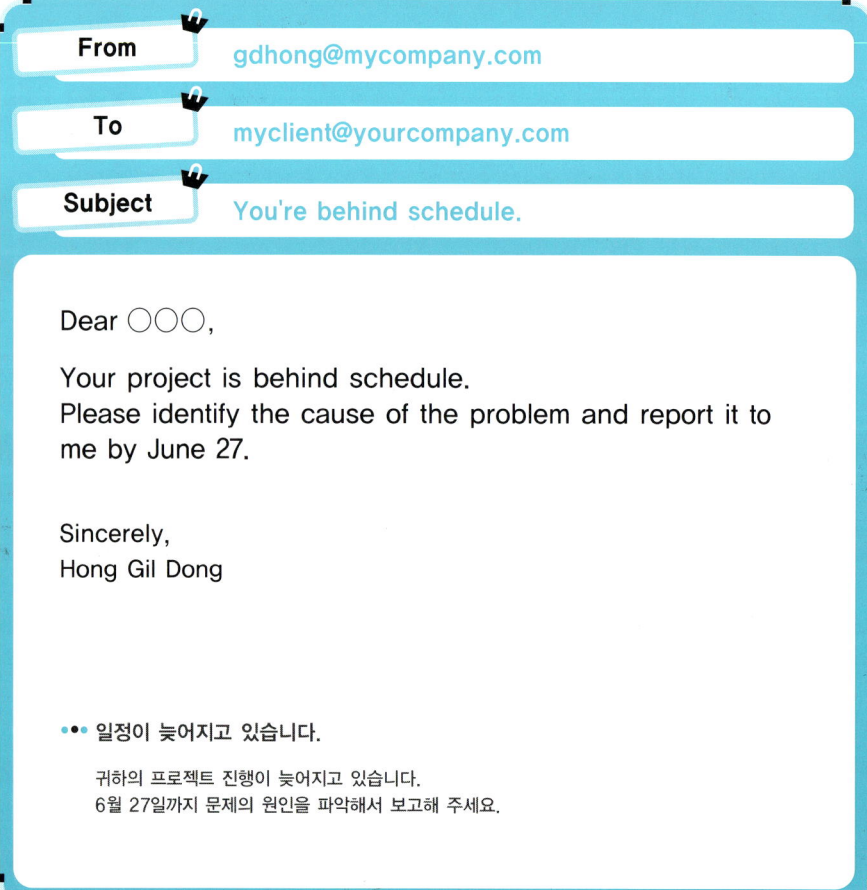

From: gdhong@mycompany.com
To: myclient@yourcompany.com
Subject: You're behind schedule.

Dear ○○○,

Your project is behind schedule.
Please identify the cause of the problem and report it to me by June 27.

Sincerely,
Hong Gil Dong

••• 일정이 늦어지고 있습니다.

귀하의 프로젝트 진행이 늦어지고 있습니다.
6월 27일까지 문제의 원인을 파악해서 보고해 주세요.

19 프로젝트에 문제가 발생했을 때

Point 1   문제 발생을 알리는 표현

 '진행이 늦어'는 behind schedule

Business E-mail **Situation 1**

Your project is behind schedule. Please identify the cause of the problem and report it to me by June 27.

귀하의 프로젝트 진행이 늦어지고 있습니다. 6월 27일까지 문제의 원인을 파악해서 보고해 주세요.

> 진행이 늦어진다는 내용은 메일에서 자주 볼 수 있다. '~의 진행이 늦어지고 있습니다'는 ~is behind schedule로 표현한다. 예를 들어 '~의 진행이 며칠부터 1주일간 늦어지고 있습니다' 등과 같이 늦어지는 상태에 대해 조금 자세하게 언급하고 싶을 때는 ~is behind schedule by several days to a week라고 쓰면 된다.

Business E-mail **Situation 2**

About adding more programmers to the project, I need time to adjust the conflict of interest between the different sections.

프로그래머를 추가하는 건입니다만, 부서 간의 의견 정리에 상당한 시간이 걸릴 것 같습니다.

> '~하는 데 시간이 걸릴 것 같습니다'라고 넌지시 일이 늦을 것 같다는 뜻을 전할 때는 need time to~를 쓴다. '(대립)의견 조정을 하다'는 adjust(조정하다) 외에도 reduce(줄이다), mitigate(완화하다), resolve(해결하다), eliminate(배제하다), smooth over(고르게 하다), mediate(중개하다) 등 다양한 동사로 표현할 수 있다.

Business E-mail **Situation 3**

Could you let me have more time before I come up with a viable solution that can make the project go faster?

조금 더 시간을 주시면, 프로젝트의 진행에 속도를 내서 실현 가능한 해결책을 제안하고 싶습니다만.

> 시간적인 여유를 원할 때의 또 다른 표현이다. before의 이런 표현도 기억해 두자. '~하는 데 조금 더 시간을 주실 수 있으신가요?' 하며 하소연하는 어조로 부탁하고 싶을 때는 Could you let me have more time to~로 쓰면 된다.

Words
- cause 원인 • report 보고하다 • adjust 조절하다, 조정하다 • conflict of interest 이해관계의 갈등
- different 다른 • come up with 제안하다 • viable 실행 가능한 • solution 해결책

133

Point 2 기간 연장을 요청하는 표현

 시간의 여유를 요청할 때는 allow us

Business E-mail **Situation 1**

If it is possible, we are hoping that you could allow us 10 more days because this project is so close to completion. Thank you in advance for your understanding and cooperation.

이 개발 프로젝트는 완성되기 바로 직전이므로, 만약 가능하다면 앞으로 10일간 시간을 주셨으면 합니다. 이해와 협력을 해주시리라 믿고 미리 감사드립니다.

시간적인 여유를 원할 때는 allow us를 써서 표현한다. '~시간을 주시겠습니까?'라고 말하고 싶을 때는 Will you allow us~?라고 한다. Thank you in advance의 in advance는 '미리'란 뜻으로, Could you call us in advance?로 쓰면 '미리 전화해 주시겠습니까?'란 의미가 된다.

Business E-mail **Situation 2**

As we are getting 3 more new programmers today, we would be most grateful if you would grant us a one-month extension of the original deadline.

오늘부터 3명의 프로그래머가 새로 추가되므로 마감기간을 1개월 연장해 주시면 기쁘겠습니다.

'마감 기간을 연장하다'는 extend the deadline이다. '1개월 연장을 허락해 달라'고 부탁하고 싶다면 extend의 명사형 extension을 써서 표현한다. 조금 자세하게, 예를 들면 '10월 15일까지의 1개월을 연장'이라고 말하고 싶을 때는 a one-month extension until October 15가 된다. 또 '6개월 이상 연장'은 extension for longer than six months다.

Business E-mail **Situation 3**

Could we have one more month as my team is going to study the bug report carefully?

저희 팀이 버그 리포트를 신중하게 살펴볼 것이므로 한달 더 여유를 주시겠어요?

 시간적인 여유를 원하는 또 하나의 표현이다.

Words
• allow 허락하다, 인정하다 • completion 완성 • in advance 미리 • understanding 이해 • cooperation 협력
• extension 연장 • carefully 주의 깊게, 신중하게

Point 3 일의 중지를 통지하는 표현

 유감스러운 결정을 통지할 때는 have regretfully decided

Business E-mail **Situation**

As for this development project, we have regretfully decided to cancel it.
이 개발 프로젝트입니다만, 유감스럽게도 중지하기로 결정했습니다.

> We have regretfully decided to~는 일종의 정해진 문구다. 이 표현은 유감스러운 결정을 알릴 때 다양하게 응용이 가능하다. 예를 들면 have regretfully decided not to renew our server maintenance contract with you는 '유감스럽지만 귀사와의 서버 유지보수 계약은 갱신하지 않기로 결정했습니다'가 된다.

Business E-mail **Situation**

Something unexpected has come up and I would like to cancel the project meeting that I have called to discuss our future plan.
급한 일이 생겨서 미래의 계획을 논의하기 위해 제가 소집한 프로젝트 미팅을 취소하고 싶습니다.

> 미팅의 중지는 cancel을 써서 표현하면 된다. 단순하게 '취소됐다'라고 말하고 싶다면 the project meeting has been cancelled가 된다. '급한 일이 생겨서'는 '예기치 않은 일이 생겨서'라고 번역하면 된다. '급한 일'이란 점을 강조하고 싶을 때는 something urgent has come up이라고 하면 된다.

Business E-mail **Situation**

This is to inform you that we will not be needing a meeting room on Tuesday, September 9, at 3:30 p.m. as the project meeting has been called off.
프로젝트 미팅이 취소된 관계로 9월 9일 화요일 오전 3시 30분 회의실 사용은 불필요하게 되어서 연락드립니다.

> '(주최자의 의향에 의해)취소됐다'고 말하고 싶을 때는 called off를 쓴다.

Words
- regretfully 유감스럽게도 • decide 결정하다 • cancel 취소하다 • unexpected 예기치 않은

In More Depth 한걸음 더

difficult(difficultly)의 편리한 사용법

어떤 문제가 있다는 점을 알릴 때는 difficult(difficulty)를 쓰면 여러모로 편리하다. 예를 들면 조금 완곡하게 '~하는 것은 어려울 것 같습니다'라고 말하고 싶을 때는 it is difficult를 쓴다.

- About the bug that disables the automatic transaction function, **it looks difficult for us to** fix it in a day because it is a very complex problem.
  자동 트랜잭션 기능을 불가능하게 하는 버그 말입니다만, 아주 복잡한 문제라서 하루에 수정할 수는 없을 것 같습니다.

또한 have difficulty를 써서 '~할 수 없다'는 의미를 나타낼 수도 있다.

- In an email received from Mr. White, he wrote that he has been **having difficulty contacting** your company.
  화이트 씨로부터 온 메일에 귀사와 연락을 취할 수 없다고 쓰여 있었습니다.

동사 lie(앞을 가로막다)와 조합하면 '어려운 것은 ~하는 점입니다'란 의미로도 쓸 수 있다.

- **The difficulty lies in** finding a programmer who has skills to debug the Web server system.
  어려운 것은 그 웹서버 시스템을 디버그 할 수 있는 기술을 가진 프로그래머를 발견할 수 없는 점입니다.

Words
•complex 복잡한 •contact 접촉하다, 연락하다 •lie ~의 상태에 있다

Quiz 이런 경우에는 영어로 어떻게 표현?

Q1. Your project is _____ _____. Please identify the cause of the problem and report it to me by June 27.
귀하의 프로젝트 진행이 늦어지고 있습니다. 6월 27일까지 문제의 원인을 파악해서 보고해 주세요.

Q2. If it is possible, we are hoping that you could _____ 10 more days because this project is so close to completion. Thank you in advance for your understanding and cooperation.
이 개발 프로젝트는 완성되기 바로 직전이므로, 만약 가능하다면 앞으로 10일간 시간을 주셨으면 합니다. 이해와 협력을 해주시리라 믿고 미리 감사드립니다.

Q3. As for this development project, we have _____ to cancel it.
이 개발 프로젝트입니다만, 유감스럽게도 중지하기로 결정했습니다.

Answer
Q1 behind, schedule   Q2 allow, us   Q3 regretfully, decided

Exercise 영한 번역 도전!

Ex1. 알고계신 것처럼 개발 프로젝트의 진행이 늦어지고 있습니다. 이달 말까지 검토 결과를 정리해서 보고해 주세요.

Ex2. 저희 프로젝트 팀이 웹서비스 시스템을 가능한 빨리 완성할 예정이오니 앞으로 5일간 시간을 더 주시겠습니까?

Ex3. 귀사와의 공동 개발 프로젝트에 대한 3월 15일 브레인스토밍 미팅은 취소되었으므로 귀하의 자료는 불필요하게 되었습니다.

Answer

Ex1 behind schedule은 '진행 늦어짐'

As you know, the project is behind schedule. Please report the summary of your analysis by the end of this month.

'이달 말까지 검토 결과를 정리해서 보고해 주세요'는 '귀하의 분석을 정리하여 이달 말까지 보고해 주세요'라고 해석해서 번역하고 있다. '이달 말까지'는 by the end of this month다.

Ex2 시간적 여유를 원할 때의 표현

Could we have 5 more days as my team is going to complete the Web service system ASAP?

'완성하겠습니다'는 complete(완성시키다)를 쓰면 된다.

Ex3 '중지되었다'는 be called off

This is to inform you that we will not be needing your handouts as the March 15th brainstorming meeting on the co-development project with your company has been called off.

한글로는 명시되지 않았지만 이 메일은 정보를 알리는 문장이라 이때의 기본 표현인 This is to inform you that을 쓰고 있다. '~에 대한 3월 15일 브레인스토밍'은 날짜를 앞에 두고 the March 15th brainstorming meeting on~으로 쓴다.

Lesson 20 문의 사항을 접할 때

Point 1 문의할 때의 표현
Point 2 문의에 답할 때의 표현
Point 3 일반 소비자의 문의에 대응하는 표현

고객의 문의에 신속하게 대응하는 것이 비즈니스에서 성공하는 길이다. 새로운 비즈니스의 기회가 여기서부터 열릴지도 모를 일이다. 20과에서는 거래처나 일반 소비자로부터 문의나 질문을 받았을 때 고민하지 않고 답할 수 있는 몇 가지 표현을 소개한다. 또한 이쪽에서 무언가를 문의하는 표현도 함께 배워 보자.

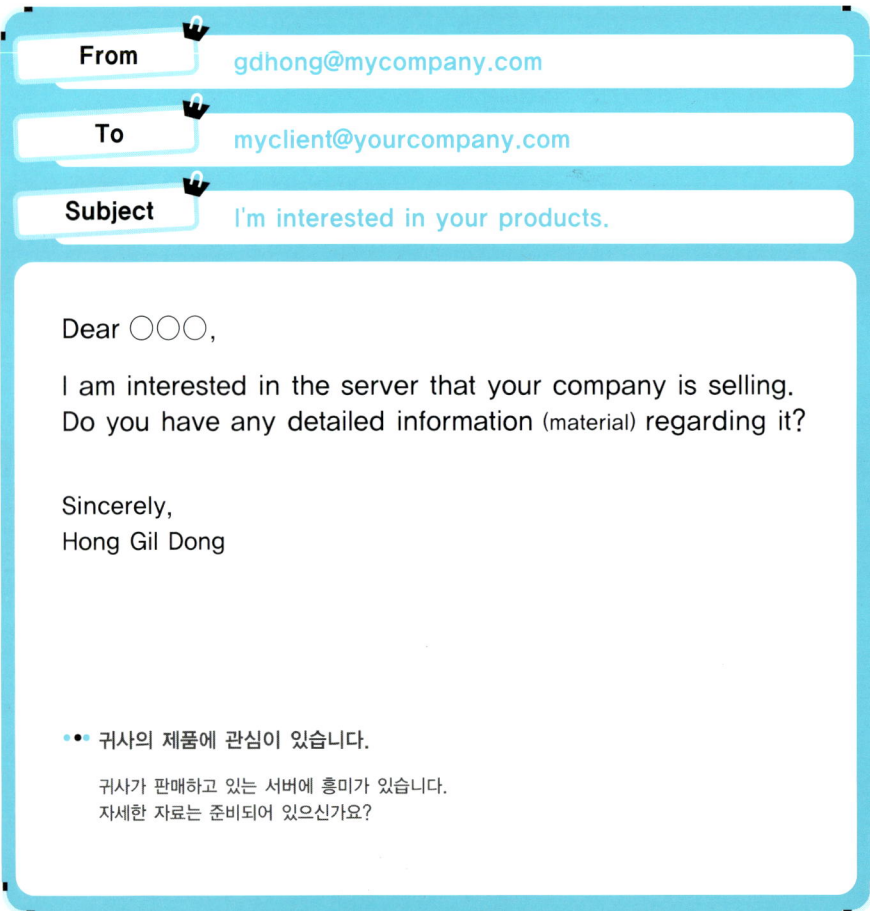

From: gdhong@mycompany.com
To: myclient@yourcompany.com
Subject: I'm interested in your products.

Dear ○○○,

I am interested in the server that your company is selling. Do you have any detailed information (material) regarding it?

Sincerely,
Hong Gil Dong

- 귀사의 제품에 관심이 있습니다.
  귀사가 판매하고 있는 서버에 흥미가 있습니다.
  자세한 자료는 준비되어 있으신가요?

Point 1 문의할 때의 표현

'~은 준비되어 있으신가요?'는 Do you have any~?

Business E-mail Situation ①

I am interested in the server that your company is selling. Do you have any detailed information (material) regarding it?

귀사가 판매하고 있는 서버에 흥미가 있습니다. 자세한 자료는 준비되어 있으신가요?

아주 초보적인 영문이지만 I am interested in~이나 Do you have any~는 비즈니스 영문 메일에서 자주 쓰이는 표현이다. 위 문장은 원래 한국어와 같이 2개의 문장이 하나로 연결된 구조가 아닌 2개의 각각의 독립된 영문으로 되어 있다. 이와 같이 문장이 비교적 짧고, 또 내용이 그렇게 복잡하지 않을 경우에는, 문과 문의 논리관계가 문맥으로 정확하게 드러나므로 특별한 접속사 없이 문을 따로따로 써도 된다.

Business E-mail Situation ②

I am writing to ask you about the sample I ordered the other day, which incidentally I haven't received yet. Has it been shipped already?

일전에 주문한 샘플이 아직 도착하지 않았는데, 이미 출하하신 건가요?

어떤 것이 아직 도착하지 않은 사실을 상대에게 메일로 전달해야 하는 경우는 종종 발생하는 일이다. 그러나 메일의 서두부터 갑자기 '~가 아직 도착하지 않았습니다'로 시작해 버리면, 좋지 않은 인상을 줄 수 있다. 이와 같이 아직 도착하지 않는 것에 대해 묻는 메일을 쓸 때는 '~가 아직 도착하지 않았습니다'의 부분을 관계대명사절에 포함시키면 간접적인 표현이 되면서 부드러운 인상을 줄 수 있다.

Business E-mail Situation ③

Could you give us your rough estimate of the cost and delivery date?

대략적인 비용과 납기일의 견적을 내 주시겠습니까?

'견적내다'란 동사는 자주 사용하는 말로 영어로는 estimate다. estimate는 동사와 명사 양쪽의 의미가 있는데, 대개 명사로 쓰는 것이 한국어 표현에도 맞다. 위 예문은 rough estimate(대략적인 견적)과 같은 명사구를 써서 '~을 견적 내 주시겠습니까?'를 '~의 견적을 주시겠습니까?'라고 번역하고 있다.

Words
- detailed information 자세한 정보, 자세한 자료
- estimate 견적, 견적서
- delivery date 납기일

Point 2 문의에 답할 때의 표현

 '~에 대해'라고 답장할 때는 in response to를 쓴다

Business E-mail Situation 1

In response to your inquiry about the software that we are selling. We are developing it in our headquarters in Mountain View.
당사가 판매하고 있는 소프트웨어에 대해 문의하신 것에 대한 답변입니다.
그것은 당사의 마운틴뷰 본사에서 개발하고 있습니다.

 in response to~는 '~에 대한 답변을 드리겠습니다'란 의미로 쓴다. '(제품 등에 대한)문의'에 해당하는 영어는 inquiry다. question을 쓰지 않도록 주의하자.
'~대해 문의하신 것에 대한'은 regarding your inquiry about~이라고 쓸 수도 있다. 다만 이렇게 말하면 '문의에 대해 답변 드리겠습니다'란 뉘앙스는 없으므로 in response to your inquiry about~을 쓰는 것이 좋다.

Business E-mail Situation 2

The names of the programs that you inquired about by email yesterday are listed below.
어제 메일로 문의하신 프로그램의 이름은 다음과 같습니다.

 문의에 대한 답변에 동사 inquire를 쓴 예다. '메일로 문의주신'은 영문에서 필요한 주어를 수식해서 '당신이 메일로 문의하신'과 같이 쓴다.

Business E-mail Situation 3

Regarding the mail server system that our company is selling, I am pleased to send you by email the material you requested.
당사가 판매중인 메일서버 시스템에 대해서 귀하가 요청한 자료를 메일로 보내드리겠습니다.

 '~에 대해'를 regarding~으로 표현할 수 있다. 'the material you requested 귀하가 요청한 자료'에서 material 대신 information을 사용해도 된다.

Words
• response 응답 • headquarter 본부, 본사 • material 자료

Point 3 일반 소비자의 문의에 대응하는 표현

 문의에 대한 답변은 날짜를 밝히며 감사의 뜻을 전한다

Business E-mail Situation ①

Thank you for your email of inquiry dated December 14 in which you expressed your interest in our encryption software.

12월 14일자로 당사 암호화 소프트웨어에 대한 문의 메일을 주셔서 감사드립니다.

문의에 대한 답변은 문의를 한 날짜를 밝히며 감사의 뜻을 전하는 것이 일반적이다. 영문의 '당사 암호화 소프트웨어에 대한 문의'의 '대한'의 부분은 in which~란 관계부사절을 써서 '(그 문의 중에)당신이 당사 암호화 소프트웨어에 대해 흥미를 나타낸 문의'란 의미의 영어 문장으로 되어 있다.

Business E-mail Situation ②

Before I try to answer your question, please let me know what kind of a computer you have on your office desk.

질문에 답하기 전에 손님이 갖고 계신 기계는 어떤 컴퓨터인지 알려 주세요.

일반 소비자인 손님으로부터 온 질문에 답변하기에 앞서 2, 3가지 확인을 먼저 할 때 쓰는 표현이다. '질문에 답하기 전에'는 before I answer your question라고 하지 말고 I 다음에 try to를 넣어서 before I try to answer your question라고 하자.

Business E-mail Situation

In answering your question of what you need to enjoy our game, I would say that you need a PC with a Pentium - III 800MHz processor or above and RAM 512MB or above.

당사의 게임을 즐기는 데는 무엇이 필요한지에 관한 질문입니다만, Pentium - III 800MHz 이상의 CPU, 512MB 이상의 메모리를 갖고 있는 PC가 필요합니다.

문의에 대한 답변의 in response to~와 아주 비슷한 표현으로 in answering your question of~는 질문에 대한 답변으로 자주 쓴다. '~의 질문입니다만'의 '~'(구체적 질문)의 부분은 whether, what, who, where, when, how와 같은 의문대명사나 의문부사로 다양한 상황을 표현할 수 있다.

Words
• express 표현하다, 나타내다 • encryption software 암호화 소프트웨어 • enjoy 즐기다

In More Depth 한걸음 더

예약이나 주문의 전형적인 문장도 기억하자

'~의 이름으로 ~을 예약하다'는 reserve~under the name~를 사용한다.
- **Could you reserve** a PC and a projector **under the name** Guy Kaizer for Wednesday, July 16, at 1:00 p.m.?
  7월 16일 목요일 오후 1시에 거이 카이저라는 이름으로 컴퓨터 1대와 프로젝터 1대를 예약해 주시겠습니까?

호텔 방, 비행기, 콘서트 객석 등을 예약할 때는 make a reservation를 쓴다. '4박'은 4nights다. 4day라고 쓰지 않도록 주의하자.
- **I plan to stay for 4 nights from October 10 to 15. Can I make a reservation for** a single room?
  10월 10일부터 10월 15일 일정으로 4일 숙박하고 싶은데, 싱글룸 예약은 가능합니까?

'(상품 가격의)견적을 내다'는 obtain quotation이다. '~해 주세요'하며 누군가에게 무엇을 해달라고 부탁할 때는 want to ask you to~를 쓰는 것이 want you to~를 쓰는 것보다 정중하게 들린다.
- **I would like to order** five 1GB memory sticks and **want to ask you to obtain quotations** from several companies **and email them to me**.
  1GB의 메모리스틱을 5개 주문하고 싶은데, 여러 회사로부터 견적을 내서 보내주세요.

Words
- reserve 예약하다 • reservation 예약 • obtain 얻다, 획득하다 • quotation 견적

Quiz 이런 경우에는 영어로 어떻게 표현?

Q1. I am interested in the server that your company is selling. _____ _____ _____ detailed information (material) regarding it?
귀사가 판매하고 있는 서버에 흥미가 있습니다. 자세한 자료는 준비되어 있으신가요?

Q2. _____ _____ your inquiry about the software that we are selling. We are developing it in our headquarters.
당사가 판매하고 있는 소프트웨어에 대해 문의하신 것에 대한 답변입니다. 그것은 당사의 마운틴뷰 본사에서 개발하고 있습니다.

Q3. Thank you for your email of _____ _____ December 14 in which you expressed your interest in our encryption software.
12월 14일자로 당사 암호화 소프트웨어에 대한 문의 메일을 주셔서 감사드립니다.

Answer
Q1 Do, you, have, any   Q2 In, response, to   Q3 inquiry, dated

Exercise 영한 번역 도전!

Ex1. 귀사가 Nikkei Linux지에 선전하고 있는 상품에 흥미를 가지고 있습니다. 샘플이 준비되어 있습니까?

Ex2. 손님이 어제 메일로 문의하신 CD에 대한 문의입니다만, 그것은 오늘 발송했습니다.

Ex3. 당사 어플리케이션이 윈도우 비스타에서 작동하는지에 대한 질문입니다만, 어플리케이션을 사용하기 위해서는 업그레이드가 필요합니다.

Answer

Ex1 Do you have any~?로 '무엇인가 준비되어 있습니까?'

I am interested in the product that your company is advertising on Nikkei Linux. Do you have a trial version?

'~지에서 선전하고 있는 제품'은 전치사 on을 써서 product that your company is advertising on~이다. 참고로 '이름이 잘 기억이 나지 않는 컴퓨터 잡지에 실린'은 was advertised on a computer magazine whose name I can't recall well이다.

Ex2 문의에 대한 답변의 기본 표현

In response to your inquiry about the CD you requested by email yesterday, we will be shipping it today.

'CD에 대한 문의입니다만'은 '문의에 대한 답변입니다'란 뉘앙스를 포함시키고 싶어 하므로, in response to your inquiry about the CD라고 쓰면 된다.

Ex3 질문의 답변은 in answering으로 시작한다

In answering your question of whether our application can work properly on Windows Vista, I would say that you need to upgrade the application in order to use it.

포인트③에서 말한 질문에 대한 답변의 기본 표현이다. question of~의 '~'(구체적 질문)의 부분이 '동작하는지 안 하는지' 둘 중 하나를 선택하는 의문문이므로 whether~을 쓴다.

Lesson 21 확인을 하고 싶을 때

Point 1 오해가 없는지 확인하는 표현
Point 2 잊지 않도록 알려주는 표현
Point 3 다시 한 번 확인하는 표현

비즈니스를 하다 보면 사소한 이해 차이로 인해 생각지 않은 문제가 생길 수도 있다. 더구나 익숙하지 않은 영어의 경우 커뮤니케이션에 문제가 발생하지 않도록 작은 일이라도 여러 번 확인을 해야 한다. 다행히 메일은 즉시성이 높고 짧은 문장을 쓰기에도 편리하므로, 간단한 표현만 알아 두면 바로 확인이 가능하다.

From: gdhong@mycompany.com
To: myclient@yourcompany.com
Subject: About the project meeting date

Dear ○○○,

I suppose that you already know that we will have a project meeting with MoveOn's development group. However, has anybody informed you that the meeting date has been changed from October 17 to Monday, October 20?

Sincerely,
Hong Gil Dong

••• 프로젝트 미팅 날짜에 대하여

무브온사의 개발 그룹과 프로젝트 미팅을 갖는 사실은 대부분 알고 계실 거라 생각됩니다. 그런데, 미팅의 날짜가 10월 17일에서 10월 20일 월요일로 변경되었다는 연락은 들으셨는지요?

Point 1 오해가 없는지 확인하는 표현

 무례한 인상을 주지 않도록 확인할 때 쓰는 표현

Business E-mail Situation 1

I just want to make sure; are you saying that the development group would like to be involved at every phase of this project?

좀 확인하고 싶은데요, 개발 그룹은 이 프로젝트의 모든 단계에 적극적으로 참여하고 싶다는 말씀이신가요?

> 이쪽에 혹시나 오해가 없는지 확인하고 싶다고 갑자기 '~란 말씀이신가요?'라고 말을 꺼내는 것은 너무 당돌하고 무례한 인상을 줄 수 있다. 이런 종류의 문의는 I just want to make sure(좀 확인하고 싶은데요)로 시작하는 것이 좋다.

Business E-mail Situation 2

Hello! I am Hong Gil Dong of the customer support division. **To confirm** our recent email exchange, **am I correct in assuming that** your PC freezes as soon as you try to run your IE?

안녕하세요. 고객 지원과의 홍길동입니다. 일전에 메일로 주고받은 내용을 확인하고자 하는데, 인터넷을 익스플로러를 작동하려고 하면 바로 화면이 멈춘다고 생각하면 되겠습니까?

> 부정사구 To confirm~을 문을 수식하는 부사로 써서 '~을 확인하고자'란 의미를 표현한다.
> am I correct in assuming that~은 '~로 추측됩니다만, 이 추측이 맞습니까?'란 의미로 자주 쓰는 표현이다.

Business E-mail Situation 3

It is my understanding that the development group will send 3 programmers to Mr. Hong Gil Dong's team. **Would that be OK with you**?

개발 그룹이 홍길동씨의 팀에 3명 프로그래머를 보낸다고 이해했는데, 이것이 맞나요?

> '~~로 이해했습니다'는 It is my understanding that~이나 My understanding is that~으로 쓰면 된다. 이 표현은 의문형으로 해서 Is it your understanding that~?(귀하의 이해는 ~란 것입니까?)로 상대의 이해를 물을 때도 자주 쓴다.

Words
• make sure 확인하다 • involve 포함하다, 참가시키다 • phase 단계, 시기 • freeze 컴퓨터가 정지하다

Point 2 잊지 않도록 알려주는 표현

기억을 되살려주기 위한 알림 reminder

Business E-mail Situation 1

This is just a reminder that the project meeting will be held at the meeting room on the 4-th floor.

프로젝트 회의 장소가 4층 회의실인 것에 대한 확인 메일입니다.

 상대가 정확하게 기억하고 있는지 직접 물어보기 어려운 경우에는 정보 제공을 하는 메일형태로 기억을 확인 시켜주는 방법이 있다. 이때 영문메일에서 자주 쓰는 것이 reminder란 단어다. 이 단어는 '(기억을 되살려주기 위한)알림'이란 의미로 쓴다. This is just a reminder that~이나 I just want to reminder you that~은 상대가 잊지 않도록 무언가를 알려주고 싶을 때 자주 사용되는 표현이다.

Business E-mail Situation 2

Let me remind you that everybody is expected to use English during the development project meeting with SpeedStream, co. tomorrow.

내일 스피드스트림사와의 개발 프로젝트 회의에는 전원이 영어로 말하게 되어 있다는 사실을 잊지 않도록 하세요.

Let me remind you that~도 잊지 않도록 재차 정보를 알려줄 때 자주 쓰는 표현으로 This is just a reminder that~보다 강한 어조를 나타낼 수 있다.

Business E-mail Situation 3

I would like to take this opportunity to inform you of the problems I want us to discuss at tomorrow's meeting.

내일 미팅에서 검토하고 싶은 문제에 대해 이 기회를 빌어 연락합니다.

위 표현도 알고 있는지 걱정이 되어 재차 확인할 때 쓰는 표현 중 하나다. I would like to take this opportunity to inform you를 직역하면 '이 기회를 이용해서 연락을 하고 싶다'란 의미로, 이런 종류의 확인 메일에서 자주 사용하는 정해진 표현 중 하나다.

Words
- reminder 생각나게 하는 사람(것) • will be held at ~에서 개최될 것이다
- take this opportunity to 이번 기회를 빌어 ~하다

Point 3 다시 한 번 확인하는 표현

I suppose that~으로 말의 전제를 꺼낸다

Business E-mail Situation **1**

I suppose that you already know that we will have a project meeting with MoveOn's development group. However, has anybody informed you that the meeting date has been changed from October 17 to Monday, October 20?

무브온 사의 개발 그룹과 프로젝트 미팅을 갖는 사실은 대부분 알고 계실 거라 생각됩니다만, 미팅의 날짜가 10월 17일에서 10월 20일 월요일로 변경되었다는 연락은 들으셨는지요?

'~은 대부분 알고 계실 거라 생각됩니다만'과 같은 경우의 '생각됩니다'는 I suppose that~이다. '그런 사실을 알고 있는 것이 당연하다'라고 생각해서 그 사실을 전제로 하고 다음 이야기를 하는 경우는 I suppose that~이라고 먼저 쓰고 이 이후에 내용을 쓰는 것이 편리하다. '연락은 들으셨는지요?'는 anybody를 주어로 해서 has anybody informed you~(누군가 당신에게 연락했습니까?)란 표현을 쓴다.

Business E-mail Situation **2**

To confirm the main points of what we discussed in the San Jose office on March 20, Mr. Eisaku Kanda's group of the Tokyo office will take part in the server development project, won't they?

새너제이 사무실에서 3월 20일에 열린 논의의 주요 논점을 확인하고자 합니다만, 도쿄 사무실의 칸다 에이사쿠 씨의 팀이 서버 개발 프로젝트에 참가한다는 내용이지요?

조금 질긴 느낌이 들 정도로 확인을 거듭하는 표현이다. 처음 To confirm~은 포인트 ①에서 다룬 확인 메일의 기본 표현이고, 마지막의 추가의문 won't they?로 알고 있는지 걱정이 되어 확인하고 있다.

Business E-mail Situation **3**

Am I correct in assuming that you would like to make a brief presentation at the project group meeting next week?

다음 주 프로젝트 그룹의 미팅에서 간단한 프레젠테이션을 하고 싶어 한다고 생각하면 되겠습니까?

Am I correct in assuming that~?은 포인트①에서도 나왔지만 독립적으로 쓰면 '~로 생각하면 되겠습니까?'라는 의미가 된다.
in assuming that you~와 같은 의미로 I take it that~도 사용가능하다.

Words
- suppose 추측하다, 가정하다 • confirm 확인하다 • assume ~라고 생각하다

In More Depth 한걸음 더

절박한 상황을 전달해서 답장을 촉구한다
부드럽게 재촉해서는 결말이 나지 않아 때로는 절박한 상황으로 즉시 답장을 받고 싶은 때도 있을 것이다. 이럴 때 쓸 수 있는 재촉하는 내용의 문장을 몇 개 소개한다.

- About the Import module, we can't start testing it yet because we haven't received your reply to the email sent on July 10. **Please let us know by return mail.**
  임포트 모듈에 관해서입니다만, 7월 10일에 보낸 메일에 대해 귀사로부터 답장이 아직 없어서 아직 테스트 작업을 시작할 수가 없습니다. 받으시는 대로 연락주세요.

- Regarding when to start testing, I wonder if the email I sent on November 4 ever reached you. If you have already received it, **please respond right away.**
  테스트를 언제 시작하는지에 관해서입니다만, 11워 4일에 보낸 메일은 도착했습니까? 이미 도착했다면 바로 답장 주세요. 부탁합니다.

- This is the third time that I have emailed you about this problem. **Please let us know your solution within three days.**
  이 문제에 대해 제가 귀사에 메일을 보낸 것은 이번이 3번째입니다. 해결책을 3일 이내로 알려주세요.

Words
- return mail 응답 메일 • solution 해결책

Quiz 이런 경우에는 영어로 어떻게 표현?

Q1. I just want to _____ _____ ; are you saying that the development group would like to be involved at every phase of this project?
좀 확인하고 싶은데요, 개발 그룹은 이 프로젝트의 모든 단계에 적극적으로 참여하고 싶다는 말씀이신가요?

Q2. This is just _____ _____ that the project meeting will be held at the meeting room on the 4-th floor.
프로젝트 회의 장소가 4층 회의실인 것에 대한 확인 메일입니다.

Q3. _____ _____ that you already know that we will have a project meeting with MoveOn's development group. However, has _____ _____ _____ that the meeting date has been changed from October 17 to Monday, October 20?
무브온 사의 개발 그룹과 프로젝트 미팅을 갖는 사실은 대부분 알고 계실 거라 생각됩니다만, 미팅의 날짜가 10월 17일에서 10월 20일 월요일로 변경되었다는 연락은 들으셨는지요?

Answer
Q1 make, sure   Q2 a, reminder   Q3 I, suppose, anybody, informed, you

Exercise 영한 번역 도전!

Ex1. 2010년 4월 29일자 메일의 요점을 확인자면, 최근 보수 계약은 이미 NasaSoft 사와 계약되었다고 생각하면 됩니까?

Ex2. 본 개발 팀은 다음달부터 3층으로 이전한다는 사실을 잊지 않도록 하세요.

Ex3. 3월 5일부터 10일까지 인천 워커힐 호텔에 머무를 예정이라고 생각하면 됩니까?

Answer

Ex1 오해가 없는지의 확인은 To confirm~

To confirm the main points of April 29, 2010, am I correct in assuming that the latest maintenance contract has already been awarded to NasaSoft Co.?

'~을 확인하고자'의 기본 표현인 부사적인 to부정사의 To confirm~을 쓴다. '~사와 계약된'은 '(~사에 계약이 된)이란 의미의 영어 awarded를 쓰면 된다.

Ex2 '잊지 않도록 하세요'는 let me remind you

Let me remind you that this project team will be moving to the 3rd floor next month.

'~을 잊지 않도록 하세요'란 강한 느낌으로 상대의 기억을 환기시키고 싶을 때는 let me remind you that~이다. 손님 등에게 '~의 알려드립니다'란 느낌으로 기억을 확인하는 통지를 보낼 때는 this is just a reminder that~을 쓰면 된다.

Ex3 Am I correct in assuming that~으로 납득·이해를 구한다

Am I correct in assuming that you plan to stay at the Walker Hill Hotel in Incheon from March 5 to 10?

여기서 Am I correct in assuming that~(~로 생각하면 됩니까?)를 납득·이해를 구하는 확인하는 의미로 쓰고 있다.

Lesson 22 호의적인 마음을 전할 때

Point 1 상대방의 배려에 고마움을 전하는 표현
Point 2 상대방의 일이나 업적을 칭찬하는 표현
Point 3 상대방의 소식을 듣고 축하하는 표현

상대방의 호의나 노력에는 간단하게라도 고마움을 전하는 습관을 갖는 게 좋다. 또한 칭찬과 축하는 자신과 상대와의 관계나 업적의 내용에 따라 표현을 구분해서 사용할 필요가 있다. 이 과에서는 비즈니스 상대에게 호감을 주고 좋은 관계를 유지하기 위해 도움이 되는 다양한 표현들을 배워 보자.

From: gdhong@mycompany.com
To: myclient@yourcompany.com
Subject: Thank you very much.

Dear ○○○,

I really appreciate all the advice you gave me for fixing this bug.

Sincerely,
Hong Gil Dong

●•• 대단히 감사합니다.
이 버그를 수정하는데 귀하께서 여러 가지 조언을 해 주셔서 감사하게 생각하고 있습니다.

Point 1 상대방의 배려에 고마움을 전하는 표현

다양하게 응용할 수 있는 '여러 가지 ~을 주셔서 감사하게 생각하고 있습니다'

Business E-mail **Situation** 1

I really appreciate all the advice you gave me for fixing this bug.

이 버그를 수정하는데 귀하께서 여러 가지 조언을 해 주셔서 감사하게 생각하고 있습니다.

 '귀하께서 여러 가지~을 해 주셔서 감사하게 생각하고 있습니다'는 appreciate all the ~you gave me란 표현을 쓴다. 위 예문에서는 '~'부분에 advice(조언)을 쓰고 있지만, 비슷한 의미인 help(도움), support(지원), encouragement(격려), information(정보)를 써서 다양하게 응용할 수 있다. '~하는데'는 for~ing로 표현할 수 있다.

Business E-mail **Situation** 2

Thank you very much for arranging a job interview with the chief engineer.

기술 주임과의 채용 면접을 준비해 주셔서 정말 감사드립니다.

 상대의 호의나 노력에 고마움을 표시할 때 가장 기본적으로 쓰는 표현은 역시 Thank you very much for~다.

Business E-mail **Situation** 3

I am very grateful for all the help you gave me while we were trying to set up the system.

시스템 가동 작업을 하는 동안 여러 가지로 신세를 져서 고맙게 생각하고 있습니다.

 '여러 가지로 신세를 져서 고맙게 생각하고 있습니다.'는 I am very grateful for all the help you gave me while~로 쓴다. 전반부는 I really appreciate all the help you gave로 써도 된다.

Words
- job interview 채용면접
- set up 설정하다, 시작하다

Point 2 상대방의 일이나 업적을 칭찬하는 표현

@ couldn't be more pleased로 칭찬하는 뉘앙스를 준다

Business E-mail Situation ❶

We couldn't be more pleased with the performance of the automatic transaction system you developed.
귀사가 개발한 자동 트랜잭션 시스템의 성능에 대단히 만족해하고 있습니다.

영문에서는 '~에 대단히 만족해하고 있습니다'지만, 이 문장에서는 상대방의 일의 결과를 칭찬하는 내용이므로 직역하면 '이것 이상으로 만족할 수 없을 정도로 만족합니다'라고 조금 과도하게 칭찬하는 표현으로 되어 있다. pleased는 satisfied로 써도 된다. 또 '성능'을 의미하는 영어단어는 여러 가지가 있지만, IT분야에서 '시스템 성능'이라고 말할 때는 performance를 쓰는 것이 일반적이다.

Business E-mail Situation ❷

Mr. John Newhall, as for this project, I think your design is excellent.
존 뉴홀 씨, 이 프로젝트 말입니다만, 당신의 설계는 굉장하다고 생각합니다.

'굉장하다'를 의미하는 단어는 많이 있지만, excellent는 good이나 very good보다 더 높은 최상급에 가깝게 칭찬하는 말이다.
'~입니다만'은 그 문의 주제에 초점을 맞출 때는 as for~를 쓸 수도 있다. 다만, 이것을 많이 사용하면 주어가 너무 많아지는, 즉 초점이 없어 효과가 떨어지는 문장이 되므로 피하는 것이 좋다.

Business E-mail Situation ❸

We have been impressed by how user-friendly the Web system your company developed for us is.
귀사가 개발해 주신 웹시스템이 사용자에게 친숙하여 감탄했습니다.

have been impressed by~(~에 감탄했습니다)도 칭찬하는 표현 중 하나다. '~'의 부분이 사실이라면 by the fact that~이라고 쓴다. 예를 들면 We are impressed by the fact that you understand our problem very well.(귀사가 저희의 문제를 잘 이해하고 있어서 감탄했습니다.)

Words
• performance 성능 • impress 감동시키다, 깊은 인상을 주다 • user-friendly 사용하기 쉬운

Point 3 상대방의 소식을 듣고 축하하는 표현

기쁜 소식을 들었을 때 delighted to hear

Business E-mail Situation 1

Mr. Lester Grant, I am delighted to hear that you will be joining my development team.
레스터 그랜트 씨, 당신이 저의 개발 팀에 참여하신다고 해서 기뻐하고 있습니다.

> 좋은 소식, 특히 상대방이나 자신에게 경사스러운 뉴스가 들렸을 때의 '~라고 해서 기뻐하고 있다'는 delighted to hear that~이라고 쓰면 된다. 또 '개발 팀에 참여한다'와 같은 경우 '참여하다'는 join이다. 한국어로 '참여하다'는 격조사 '~에'로 직접 목적어를 나타내지만, 영어의 join은 완전 타동사로 전치사를 취하지 않는다. 한국어 표현에 얽매여 join in이라든가 join into를 쓰지 않도록 주의하자.

Business E-mail Situation 2

As for this Web copyright management system development project, I want to congratulate you because you have succeeded in convincing your immediate superior to go ahead with it.
이 웹 저작권 관리 시스템 개발 프로젝트에 관해, 직속 상관의 설득에 성공해서 프로젝트가 진행될 수 있게 됐다니, 축하드립니다.

> 회화에서는 Congratulations만으로도 '축하한다'는 의미가 되지만, 비즈니스 메일에서는 조금 어구를 보충해서 그럴 듯하게 표현할 필요가 있다. 예를 들면 I want to congratulate you because~(~하게 됐다니 축하드립니다)라고 쓰면 된다.

Business E-mail Situation 3

On behalf of everyone here at the development division of JugglerNet, let me congratulate you on your recent promotion to chief engineer.
저글러넷 사 개발부문을 대표해서 귀하의 기술주임 승진을 축하드리겠습니다.

> let me congratulate you on~도 축하 표현 중 하나다. '~에 대신해서'란 의미로 '~을 대표해서'로 말할 때가 있지만, 그때는 as a representative of~라고 쓰지 않고 on behalf of~로 쓴다.

Words
- delighted 기뻐하는
- join ~에 참여하다
- congratulate 축하하다
- convince 확신시키다
- immediate superior 직속 상관
- promotion 승진

In More Depth 한걸음 더

마음을 담은 위로 메일을 보낸다

상황은 여러 가지겠지만, 친한 사람이 힘든 상황에 빠진 것을 알았다면 마음을 담은 위로 메일을 보내는 것도 좋은 생각이다. 위로 메일에 사용하는 표현을 몇 가지 소개한다.

- **We are saddened to learn that** your company has decided to leave Seoul after prospering for 10 years under your management.
  귀하의 경영 아래 10년 번영을 이어온 귀사가 서울을 떠난다는 소식을 듣고, 우리는 매우 유감스럽게 생각하고 있습니다.

- Upon hearing that your office has been severely damaged by the typhoon number 18 in August, my project members and **I just want to wish you a speedy recovery** from the storm.
  귀하의 사무실이 8월 태풍 18호에 심한 피해를 입었다는 소식을 듣고, 저와 프로젝트 멤버들은 귀사의 빠른 회복을 바라고 있습니다.

- I am just writing this email to **let you know how sorry I am** that they are making you work overtime every night.
  잔업을 매일 밤 하신다는 소식을 듣고 안타깝게 생각하고 있습니다.

Words
- sadden 슬프게 하다, 슬퍼지다 • severely 심각하게 • speedy recovery 빠른 회복

Quiz 이런 경우에는 영어로 어떻게 표현?

Q1. I really appreciate all the advice ___ ___ ___ for fixing this bug.
이 버그를 수정하는데 귀하께서 여러 가지 조언을 해 주셔서 감사하게 생각하고 있습니다.

Q2. We couldn't be ___ ___ with the performance of the automatic transaction system you developed.
귀사가 개발한 자동 트랜잭션 시스템의 성능에 대단히 만족해하고 있습니다.

Q3. Mr. Lester Grant, I am ___ ___ ___ that you will be joining my development team.
레스터 그랜트 씨, 당신이 저의 개발 팀에 참여하신다고 해서 기뻐하고 있습니다.

Answer
Q1 you, gave, me   Q2 more, pleased   Q3 delighted, to, hear

Exercise 영한 번역 도전!

Ex1. Angela Morris가 대응하느라 많은 고생을 했던 하드웨어 관련 문제점을 정리하는데 귀하께서 저에게 여러 가지 조언을 주셔서 고맙게 생각하고 있습니다.

Ex2. 귀사가 불과 3개월 만에 완성한 기본 설계가 대단히 사려 깊게 되어 있는 점에 감탄했습니다.

Ex3. 최근에 웹컨텐츠 전달 시스템 개발 프로젝트를 성공한 귀사에게 프로젝트 기획개발부를 대표해서 축하를 드리고 싶습니다.

Answer

Ex1 응용범위가 넓은 기본 표현을 이용

I really appreciate all the advice you gave me for sorting out the hardware-related problems that Angela Morris was having difficulty dealing with.

appreciate all the~you gave me 기본 표현을 쓸 수 있다. 'Angela Morris가 대응하느라 많은 고생을 했던 문제'는 problems that Angela Morris was having difficulty dealing with로 번역하고 있다. '대응에 많은 고생을 하다'는 have a hard time to deal with로 쓸 수 있다.

Ex2 칭찬의 뜻을 포함한 '감탄했다'는 been impressed

We have been impressed by how thoughtful the basic design is, which your company was able to complete in just 3 months.

영어사전에는 '사려 깊다'을 thoughtful 외에 considerate도 나와 있다. thoughtful은 '필요성이나 희망을 배려했다'와 같은 의미로 '사려 깊다'와 같이 말할 때 쓴다. considerate는 '기분이나 감정을 담았다'란 의미의 '사려 깊다'다. '사려 깊은 설계'는 '용도나 사용하는 사람을 배려한 설계'로 풀이할 수 있으므로 thoughtful design이라고 하는 것이 적당하다.

Ex3 '축하 인사를 말하고 싶다'는 let me congratulate you

On behalf of everyone here at the project planning and development department, let me congratulate you on your recent success with the Web content delivery system development project.

'프로젝트 기획개발부를 대표해서'를 직역하면 on behalf of everyone here at the project planning and development department지만, 이런 경우에는 '~의 모두의 기분을 대표해서'란 생각을 담아 everyone here at을 넣어 표현하는 것이 일반적이다.

Lesson 23 | 무언가를 요구할 때

Point 1 협조를 구하는 표현
Point 2 어떠한 행동을 의뢰하는 표현
Point 3 절박한 상황에서 재촉하는 표현

상대방에게 무엇인가를 요구할 때는 '~해 주세요'란 직접적인 표현보다는 '~해 주시면 감사하겠습니다'와 같은 완곡한 표현이 필요할 때도 있다. 물론 한시가 급한 경우라면 절박감을 전달하여 빠른 대응을 요구해야 한다. 23과에서는 일반적인 부탁, 약간 에둘러서 소망을 표현하는 방법, 절박한 상황에서 재촉하는 표현을 배워 보자.

From gdhong@mycompany.com
To myclient@yourcompany.com
Subject I need a favor.

Dear ○○○,

I would be grateful if you could email the technical document because it is not available in the Seoul office.

Sincerely,
Hong Gil Dong

••• 제 부탁을 들어주세요.

그 기술문서는 서울 사무실에서는 입수할 수 없으므로 메일로 보내주시면 감사하겠습니다.

Point 1 협조를 구하는 표현

 소망에 대해 감사하는 부탁 표현

Business E-mail Situation ①

We would greatly appreciate your assistance in obtaining the necessary information concerning the Web picture delivery system of SuperLinkpro Co.

수퍼링크프로 사의 화상통신 시스템 관한 필요한 자료를 입수하는데 귀하가 협조해 주셔서 깊이 감사드립니다.

여기서 쓴 We would greatly appreciate your assistance in~은 상대방이 해 준 행동의 결과에 감사하고 있는 것뿐만이 아니라 바라는 바를 말하면서 '그것을 해주신다면 감사하겠습니다'라고 완곡하게 부탁하는 일종의 정해진 문구다. in~의 부분은 동명사가 된다.

Business E-mail Situation ②

Could I ask you to help me out with fixing this bug?

이 버그를 수정하는 일을 도와주실 수 있겠습니까?

빙빙 돌려서 말하는 것이 아니라 직접적으로 '~을 도와주실 수 있겠습니까?'라고 협조를 부탁할 때는 Could I ask you to help me out with~를 쓴다. '~'의 부분은 동명사가 된다. 더욱 직접적으로 도움을 부탁하고 싶다면 Could you help me~를 쓴다. '~'의 부분은 원형부정사, 즉 to가 붙이 않은 동사의 원형이 온다.

Business E-mail Situation ③

Would you be so kind as to have someone come to the server room at 11:00 a.m. tomorrow?

내일 오전 11시에 누군가를 당사 서버룸으로 보내 주시면 감사하겠는데 어떠신가요?

조금 더 부드러운 느낌으로 '~해 주시면 감사하겠는데 어떠신가요?'라고 표현하고 싶을 때 쓰는 표현이다. 이 예문에서 쓰고 있는 사역동사 표현 have someone~(누군가에게 ~해 받다)는 여러모로 사용 가능한 표현이므로 기억해 두면 편리한 표현이다. '~'의 부분은 원형부정사다.

Words
- assistance 협조, 원조 • necessary 필요한, 필수적인 • kind 친절한, 도움을 주는

Point 2 어떠한 행동을 의뢰하는 표현

보통 하는 부탁이라면 would like you to

Business E-mail **Situation** 1

We would like you to email an estimate on fixing this bug.
이 버그 수정에 대한 견적을 메일로 보내주세요.

부탁할 때에는 항상 Please~로 쓰는 사람이 있는데, 그럼 조금 강요하는 느낌이 든다. 보통 '~해 주세요'라고 부탁을 할 때는 would like you to~를 쓴다. '~해주길 원한다'라면 We want you to~, '~해 주시면 좋겠습니다만'이라고 좀 더 정중하게 의뢰한다면 We would like to ask you to~로 말할 수 있다.

Business E-mail **Situation** 2

I would be grateful if you could email the technical document because it is not available in the Seoul office.
그 기술문서는 서울 사무실에서는 입수할 수 없으므로 메일로 보내주시면 감사하겠습니다.

'~하므로 ~해 주신다면 감사하겠습니다'라고 이유를 밝히며 의뢰할 때는 I would be grateful if you could~because~라고 쓴다. 이 표현도 기억해 두면 편리하다.

Business E-mail **Situation** 3

Would you forward Hong Gil Dong's email to me?
홍길동 씨의 메일을 저에게 전송해 주시겠습니까?

단순하게 '~해 주시겠습니까?'라고 의뢰하는 것이라면 Would you~를 쓰면 된다.

Words
• technical document 기술문서

Point 3 절박한 상황에서 재촉하는 표현

Please~ right away는 꽤 강한 재촉

Business E-mail Situation ①

About fixing this bug, as it is one of those cases that requires a very urgent response, please look into the matter right away and let us know what you find out.

이 버그 수정 말입니다만, 이런 경우는 매우 긴급하게 대응할 필요가 있으므로 즉시 조사해서 결과가 나오는 대로 알려 주세요.

'즉시~해 주세요'라고 약간 강하게 재촉하고 싶을 때는 Please를 써서 표현한다. look into the matter는 '조사하다'란 의미가 있다. '~하는 대로 알려 주세요'는 please let us know as soon as~를 써서 표현할 수도 있다.

Business E-mail Situation ②

About the specification change that Net2Go Co. requested, I require your immediate action.

넷투고 사가 요청해온 사양 변경 말입니다만, 즉시 대응할 수 있도록 요청합니다.

이 표현은 강한 명령어조의 재촉 표현이다. 이 경우 this를 주어로 하고 may를 써서 this may require your immediate action이라고 쓴다면 강한 명령조를 피할 수 있다.

Business E-mail Situation ③

It is urgent to complete this project by August 5.

이 프로젝트를 8월 5일까지 완성하는 것이 급선무입니다.

'~하는 것이 급선무입니다'는 It is urgent to~로 쓴다. '급선무'를 의미하는 단어는 urgent 외에서 exigent나 pressing이 있다. '급선무이므로 최우선으로'라고 말하고 싶을 때는 이 예문처럼 It is urgent to~가 좋다. '급선무이므로 빨리'라고 말하고 싶을 때는 exigent나 pressing을 쓴다.

Words
• urgent 긴급한 • find out 찾아내다 • immediate action 즉각적인 행동

In More Depth 한걸음 더

관계자에의 협조를 요청하고 이유를 전달하는 방법

관계자에게 넓은 협조를 요청할 때 쓰는 표현을 소개한다. 단순하게 '목표달성을 위해 여러분 잘 부탁드립니다'와 같이 의례적인 의미 전달을 하는 경우도 있지만, 역할 분담 등을 설명해서 일을 원활하게 진행하기 위해 하는 말로도 쓴다. 이유를 전달할 때도 여러 가지 방법이 있으므로 모아서 소개한다. '~를 위해'는 to부정사를 부사용법으로 쓰면 된다.

- **We appreciate your cooperation to** shorten the delivery time.
  납기 단축을 위해 여러분의 도움을 바랍니다.

'~이므로'라고 써서 가벼운 이유를 덧붙이고 싶을 때는 now that~을 쓴다.

- **Now that** the email marketing introduction project has been approved, **we will appreciate it if we could have your corporation** in carrying it out.
  메일 마케팅 도입 프로젝트가 승인되었으므로, 앞으로 일을 수행하는 데 여러분의 협조를 부탁드립니다.

- **Could I request your help for** the success of the project?
  프로젝트 성공을 위해 도와주실 수 있으세요?

Words
- approve 승인하다
- carry out 수행하다

Quiz 이런 경우에는 영어로 어떻게 표현?

Q1. We would greatly _____ _____ _____ in obtaining the necessary information concerning the Web picture delivery system of SuperLinkPro co.
수퍼링크프로 사의 웹화상통신 시스템 관한 필요한 자료를 입수하는데 귀하가 협조해 주셔서 깊이 감사드립니다.

Q2. We _____ _____ to email an estimate on fixing this bug.
이 버그 수정에 대한 견적을 메일로 보내주세요.

Q3. About fixing this bug, as it is one of those cases that requires a very urgent response, _____ look into the matter _____ _____ and let us know what you find out.
이 버그 수정 말입니다만, 이런 경우는 매우 긴급하게 대응할 필요가 있으므로 즉시 조사해서 결과가 나오는 대로 알려 주세요.

Answer
Q1 appreciate, your, assistance   Q2 would, like, you   Q3 please, right, away

Exercise 영한 번역 도전!

Ex1. 귀사의 기술주임의 이름과 전화번호를 메일로 알려주시면 고맙겠습니다만, 어떠신지요?

Ex2. 서울 지사의 Peter Sharrock씨가 맹장염으로 성모병원에 입원했는데 여러분 중 한분이 병문안을 가 주세요.

Ex3. Smith씨가 7월 10일에 보낸 프로그램 수정 말입니다만, 즉시 대처하도록 요청합니다.

Answer

Ex1 부드러운 부탁 표현인 Would you be so kind as to~?

Would you be so kind as to email the name and telephone number of the chief engineer of your company?

포인트①에서 설명한 Would you be so kind as to~?(~해 주시면 고맙겠습니다만, 어떠신지요?)이란 부드러운 부탁 표현을 쓴다.

Ex2 일반적인 부탁은 would like~to

We would like one of you to go visit Mr. Peter Sharrock of the Seoul office, who has been hospitalized for appendicitis at St. Mary's Hospital.

일반적인 부탁 표현은 would like~to(해 주세요)을 쓴다. 입원한 곳이 문장에 나타나 있으므로 '~씨의 병문안에 가다'는 visit~으로 쓰면 된다. 만약 '~씨가 입원했습니다' 부분을 관계대명사절에 포함시키면 급한 용건으로 메일을 시작하지 않아도 돼서 조금 부드럽게 표현할 수 있다.

Ex3 명령조의 재촉

About modifying the program Mr. Smith emailed to you on July 10, I require your immediate action.

포인트③에서 설명한 I require~란 명령조의 지시요청문이다. '즉시 대처하도록 요청합니다'는 '그것에 대해 즉시 행동을 하도록 요청합니다'라고 번역하고 있다.

Lesson 24 조언이 필요할 때

Point 1 정중하게 조언을 구하는 표현
Point 2 강요하지 않고 조언하는 표현
Point 3 강하게 권고하는 표현

조언을 구할 때는 정중한 표현을 써야 하고, 조언을 해주는 경우에도 지시와 혼동하지 않아야 한다. 조언을 할 때에는 '~하면 어떨까요?' 등 강요하지 않는 표현을 쓰는 것이 좋다. 하지만 강하게 권해야 할 경우에는 완곡한 표현을 쓰지 않고 딱 잘라 말할 필요가 있다. 이 과에서는 조언에 관한 다양한 표현을 배워 보자.

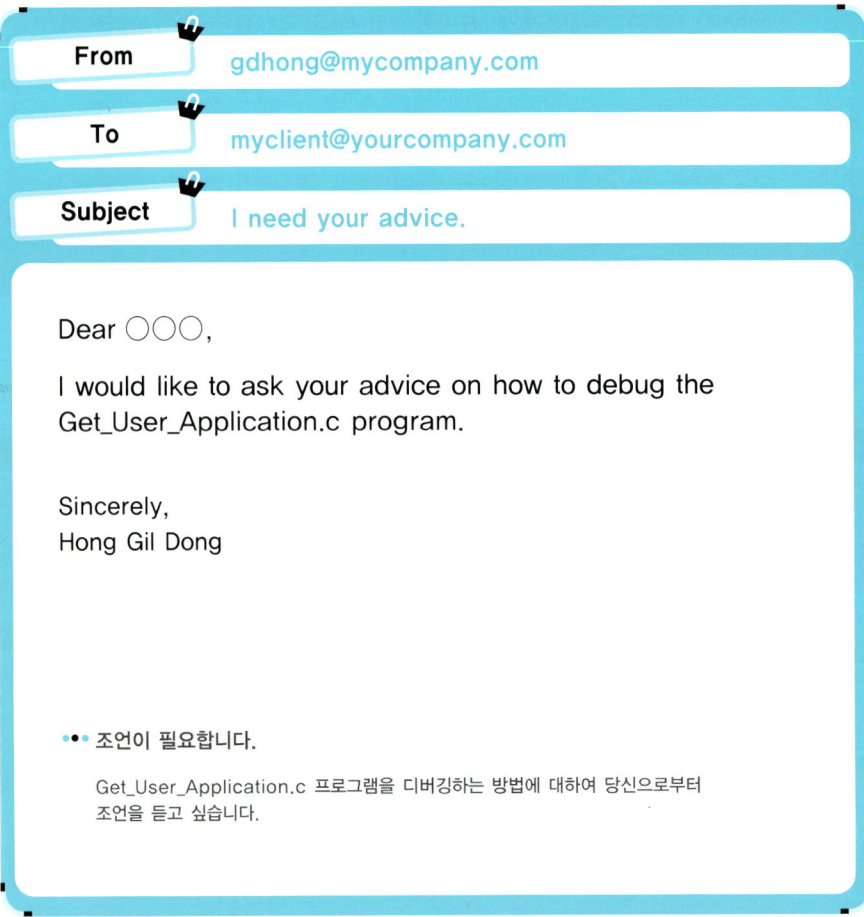

From: gdhong@mycompany.com
To: myclient@yourcompany.com
Subject: I need your advice.

Dear ○○○,

I would like to ask your advice on how to debug the Get_User_Application.c program.

Sincerely,
Hong Gil Dong

•◦• 조언이 필요합니다.

Get_User_Application.c 프로그램을 디버깅하는 방법에 대하여 당신으로부터 조언을 듣고 싶습니다.

Point 1 정중하게 조언을 구하는 표현

I am wondering if로 정중한 느낌이 들게 한다

Business E-mail Situation **1**

I am wondering if you could suggest some idea(s) on how to respond to the bug report from NetSolutions4U Co.
넷솔루션스포유 사로부터 온 버그 리포트에 어떤 대응을 해야 할지에 관해서 뭔가 좋은 아이디어를 제안해 주셨으면 합니다.

 자신보다 잘 알고 있는 사람, 지위가 높은 사람에게 조언을 요청하는 문장이다. '~해 주셨으면 합니다' 란 정중한 느낌을 어떻게 나타내는 가가 포인트다. 이 경우 '혹시 무리한 부탁일지도 모르겠지만' 이란 뉘앙스를 넣고 싶다면 I am wondering if you could~를 쓰면 된다.

Business E-mail Situation **2**

I would like to ask your advice on how to debug the Get_User_Application.c program.
Get_User_Application.c 프로그램의 디버그에 대해 당신의 조언을 듣고자 합니다.

 정중하게 부탁할 때 쓰는 기본 표현은 지금까지 몇 번인가 나왔던 I would like to ask~를 쓴다.

Business E-mail Situation **3**

Could you advise me by email about how to shrink the development budge?
개발 예산을 축소할 방법에 대해 메일로 조언해 주시겠습니까?

 Could you~?란 의문문을 쓰면 더욱 정중한 느낌이 든다. 또 이 예문에서 '예산을 축소하다' 는 shrink the budget이지만, 삭감하는 경우는 cut back을 쓴다. 반대말인 '늘리다' 는 expand다.

Words
- shrink 축소시키다
- budget 예산

Point 2 강요하지 않고 조언하는 표현

@ why don't you~는 '~하면 어떨까요?'

Business E-mail Situation ①

About fixing John's bug, why don't you email the program tomorrow?

존의 버그 수정에 관해서 말입니다만, 내일 그 프로그램을 메일로 보내면 어떨까요?

> why don't you~을 직역하면 '왜~하지 않는 것입니까?'란 질문이지만, 실은 '~하면 어떨까요?'라고 제안어조로 조언할 때 쓰는 대단히 일반적인 표현이다. 이 예문은 About를 써서 먼저 주제를 문장 앞에 나타내고 있다.

Business E-mail Situation ②

I think that it would be in the best interest if your company to save all the emails.

모든 이메일을 보존해 두는 것이 귀사에게 도움이 될 것이라고 생각합니다.

> 좀 다른 방법으로 직접적인 표현을 쓴 조언의 예다. 여기서는 단순하게 interest(이익)라고 쓰지 않고 the best interest라고 쓴 점이 포인트다.

Business E-mail Situation ③

I advise you to wait and see if you get a better offer from BayTech Co.

베이테크 사로부터 더 좋은 제안이 있을 때까지 기다리면서 상황을 지켜보면 어떨까요?

> '~해보면 어떨까요?'란 제안어조의 조언은 I advise you to~라고 쓸 수 있다.

Business E-mail Situation ④

How about you call SegBite Co. and ask them to expedite the processing of your refund?

세그바이트 사에 전화해서 반환금 처리를 신속하게 해달라고 부탁하면 어떨까요?

> How about you~?를 써서 의문문 형식으로 제안하는 방법이다.

Words
- save 저장하다 • wait 기다리다 • offer 제안 • expedite 신속하게 처리하다 • refund 상환, 반환금

Point 3 강하게 권하는 표현

강하게 권할 때는 strongly advise you to

Business E-mail Situation 1

About the bug that disables our automatic transaction function, if LexusWebCom is unable to fix it, by March 15, 2010, I strongly advise you to consult with our corporate attorney immediately.

당사의 자동 트랜잭션 기능을 불가능하게 하는 버그 말입니다만, 렉서스웹컴이 2010년 3월 15일까지 고칠 수 없는 경우는 회사 고문 변호사와 상담할 것을 강하게 권해드립니다.

 '~하는 것을 강하게 권합니다'는 거의 그대로 직역해서 I strongly advise you to~를 쓴다. 또 consult with~는 조언을 해주는 것을 직업으로 하는 사람과 상담할 때에 쓴다.

Business E-mail Situation 2

I am convinced that it is about time to replace this server machine because we have been using it for the past three years.

이 서버는 3년째이기 때문에 교체를 생각해볼 시기라고 확신합니다.

 '~라고 확신합니다'는 간접적이지만 무언가를 상대방에게 강하게 권할 때도 쓰는 표현이다.
'~할 시기다'는 it is about time to~로 표현한다. '이 서버는 3년째이기 때문에'는 '이 서버는 과거 3년간 사용하고 있어서'라고 해석할 수 있다.

Business E-mail Situation 3

I suggest strongly that we should get a better PC.

조금 더 성능이 좋은 컴퓨터를 구입할 것을 강하게 제안합니다.

 '~하는 것을 강하게 제안합니다'는 that절로 '~하다'의 부분을 표현해도 상관없다.
이 경우 that절의 주어는 누구라도 상관없다.

Words
- strongly 강하게 • consult with ~와 상의하다 • corporate attorney 회사의 고문 변호사 • immediately 곧, 즉시
- replace 바꾸다, 대체하다

In More Depth 한걸음 더

조언과 지시는 비슷하지만 다른 법

지시를 구할 때는 조언을 구할 때와는 조금 다르다. 구체적으로 이쪽이 어떻게 하면 좋을지 상대방에게 지시해 달라는 것이 목적이다. 구체적으로 부탁하는 것이 기본이다.

- **I would like to have your instructions about** how to proceed with the new sales contract.
  새로운 판매 계약의 절차에 대해 지시해 주시면 합니다.

- **Please email us your instructions regarding** the new project which is scheduled to start next month.
  다음 달 시작할 예정인 신규 프로젝트에 관해 지시할 사항이 있으면 이메일로 보내주시기 바랍니다.

- Regarding the development contract with DynaGrid Co., **please let me know whether** you want to extend it because I would like to discuss it with the chief engineer.
  다이나그리드 사와의 개발 계약에 관해 그것을 연장하고 싶은지 어떤지를 알려 주세요. 기술주임과 논의하고 싶어서요.

Words
- instruction 지시, 명령   • proceed with 절차를 밟다, 처리하다

Quiz 이런 경우에는 영어로 어떻게 표현?

Q1. I am _____ you could suggest some idea(s) on how to respond to the bug report from NetSolutions4U Co.
넷솔루션스포유 사로부터 온 버그 리포트에 어떤 대응을 해야 할지에 관해서 뭔가 좋은 아이디어를 제안해 주셨으면 합니다.

Q2. About fixing John's bug, _____ email the program tomorrow?
존의 버그 수정에 관해서 말입니다만, 내일 그 프로그램을 메일로 보내면 어떨까요?

Q3. About the bug that disables our automatic transaction function, if LexusWebCom is unable to fix it by March 15, 2007, I _____ you to consult with our corporate attorney immediately.
당사의 자동 트랜잭션 기능을 불가능하게 하는 버그 말입니다만, 렉서스웹컴이 2010년 3월 15일까지 고칠 수 없는 경우는 회사 고문 변호사와 상담할 것을 강하게 권해드립니다.

Answer
Q1 wondering, if   Q2 why, don't, you   Q3 strongly, advise

Exercise 영한 번역 도전!

Ex1. OrchidSoft 사를 위한 웹서비스 프로그램을 어떻게 설계해야 할지에 대해 좋은 아이디어를 제안해 주셨으면 합니다.

Ex2. 방문하기 전에 AnnexInfo 사에 전화를 해두는 것이 귀사를 위하는 것이라고 생각합니다.

Ex3. Scott Cladwell의 승진(좌천)에 대해 메일로 조언을 해 주시겠습니까?

Ex4. 제 생각으로는 회사의 웹사이트 시작페이지의 디자인을 갱신할 시기라고 확신합니다.

Answer

Ex1 I am wondering if you could로 정중하게 표현
I am wondering if you could suggest some idea(s) on how to design the Web service program for OrchidSoft Co.
　I am wondering if~를 써서 정중한 느낌을 주자.

Ex2 간접적인 표현으로 조언하는 방법
I think that it would be in the best interest of your company to call AnnexInfo Co. before you visit them.
　포인트②에서 소개한 좀 다른 방법으로 조언을 하는 표현을 쓴다.

Ex3 정중하게 조언을 구할 때는 Could you~
Could you advise me by email about Scott Cladwell's promotion(demotion)?
　'조언을 해 주시겠습니까?'란 의문문으로 정중하게 조언을 구하고 있으므로 Could you advise me~란 표현을 쓴다.

Ex4 '확신합니다'로 강하게 권한다
In my view, I am convinced that it is about time to update the top page design of our company's Web site.
　'~라고 확신합니다'는 I am convinced that~이다. '내 생각으로는'은 in my view로 번역할 수 있다.

3 Part   고급편

Part 3 '고급편'에서는 일상 업무의 전형적인 틀에 포함되지 않은 복잡한 안건을 처리하는 표현에 대해 알아보려고 한다. 예를 들어 판매할 때의 표현, 상대방을 설득하거나 의견을 교환할 때의 표현, 타협할 때의 표현 등 여러 가지 교섭에 쓰이는 표현 등이다. 의견이란 사실을 전달하는 것과 다르게 자신의 주관이 포함되어 있다. 찬성이나 반대의 의지, 기대감이나 불안, 확신, 중요성에 관한 인식 등 자신의 생각을 표현해야 할 때는 상대방이 분명하게 인식하도록 자신의 의견을 제시해야 한다. 상황에 따라서는 완곡한 표현을 사용해야 할 때도 있다. Part 3에서는 이러한 표현들과 더불어 번거로운 일이 발생했을 때의 불만이나 경고를 전하는 말, 고객으로부터 온 컴플레인의 처리 등에 대해서도 설명한다. Part 3에서 다루는 표현들은 영문 메일의 수준을 한 단계 끌어올릴 수 있도록 도울 것이다.

- Lesson 25) 적극적으로 판매할 때
- Lesson 26) 상대방의 제의에 대한 태도를 밝힐 때
- Lesson 27) 의견을 교환할 때
- Lesson 28) 기대 · 불안 · 확신을 표현할 때
- Lesson 29) 찬성의 의미를 전할 때
- Lesson 30) 반대 의견을 전할 때
- Lesson 31) 안건의 중요성을 어필할 때
- Lesson 32) 완곡하게 표현할 때
- Lesson 33) 타협을 이끌어낼 때
- Lesson 34) 번거로운 사태에 대응할 때

Lesson 25 적극적으로 판매할 때

Point 1 적극적인 판매의 표현
Point 2 상품이나 서비스의 효용을 설명하는 표현

영어를 사용해서 무언가를 판매하는 것은 쉽지 않은 일이다. 그러나 비즈니스 세계에서는 자신의 장점을 강하게 어필해야 할 필요가 있다. 겸손한 표현이 상대방에게는 적극성이 부족하고 자신이 없는 표현으로 받아들여질 수도 있기 때문이다. 25과에서는 상대방에게 적극적인 인상을 줄 수 있는 판매의 표현을 배워 보자.

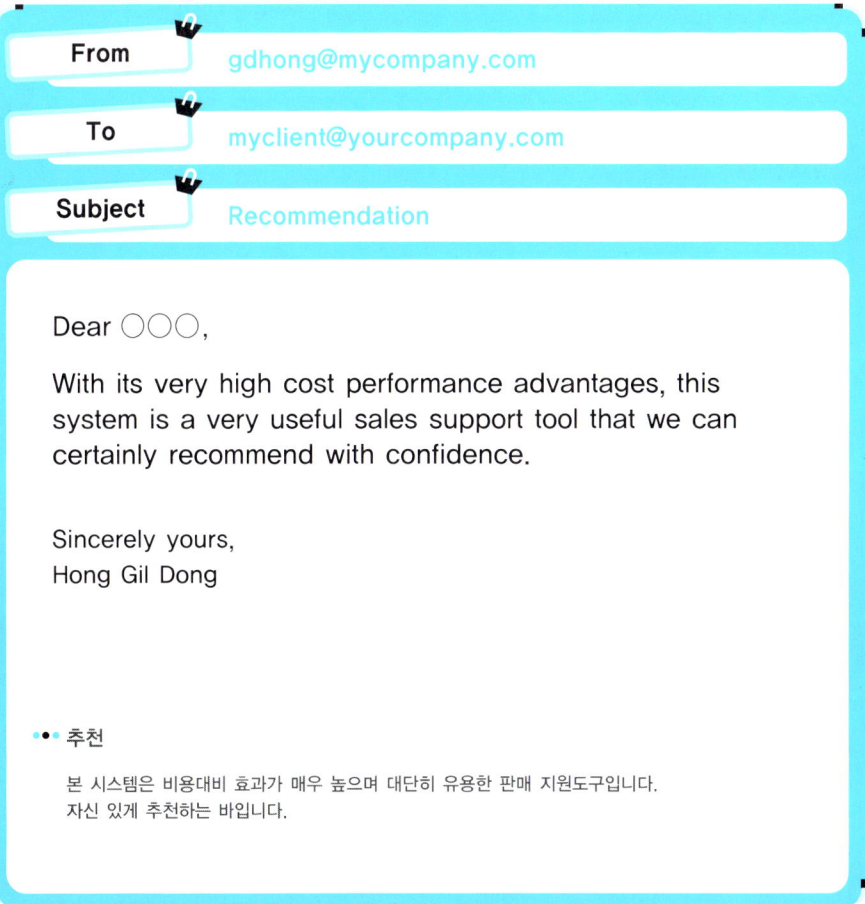

From gdhong@mycompany.com
To myclient@yourcompany.com
Subject Recommendation

Dear ○○○,

With its very high cost performance advantages, this system is a very useful sales support tool that we can certainly recommend with confidence.

Sincerely yours,
Hong Gil Dong

- 추천

본 시스템은 비용대비 효과가 매우 높으며 대단히 유용한 판매 지원도구입니다. 자신 있게 추천하는 바입니다.

Point 1 — 적극적인 판매의 표현

강조의 부사를 넣어 판매의 강도를 표현

Business E-mail Situation ①

With its very high cost performance advantages, this system is a very useful sales support tool that we can certainly recommend with confidence.

본 시스템은 비용대비 효과가 높으며, 웹 마케팅에 대단히 유용한 판매 지원 도구입니다. 자신 있게 추천합니다.

'자신 있게 추천하다'는 recommend with confidence지만, 이 문장은 판매 문구이므로 certainly 라고 하는 부사를 넣어 we can certainly recommend with confidence라고 강조하고 있다. 이 것도 일종의 정해진 문구이므로 꼭 기억해 두길 바란다.

Business E-mail Situation ②

We are a high-tech company specializing in high-speed Web services.

당사는 고속 웹서비스를 전문으로 다루고 있는 하이테크 기업입니다.

'~을 전문으로 다루다'는 specializing in으로 표현한다.

Business E-mail Situation ③

As we are very familiar with Linux, we are really interested in joining this embedded system development project with your company.

당사는 리눅스를 잘 알고 있으므로, 귀사와 함께 이번 임베디드 시스템 개발 프로젝트에 참가하고 싶습니다.

자기 회사의 장점을 부각시켜 적극적으로 판매를 할 때 자주 쓰는 표현이다. '잘 알고 있다'는 very familiar with로 쓸 수 있다.

Business E-mail Situation ④

We are contacting you to inquire whether you would be interested in using a WebMailExpressOffice as your in-house mailing system server.

귀사의 사내 메일 시스템에 웹메일익스프레스오피스를 도입하면 어떨까 해서 연락을 드리는 바입니다.

'~하고 싶어 연락드립니다'는 we are contacting you to~로 쓴다. inquire whether you would be interested in~은 직역하면 '~에 흥미가 있는지 없는지 묻다'란 의미다. 비즈니스 메일 에서는 이런 간접적인 표현으로 '~을 검토해 주시겠습니까?'란 뉘앙스를 전할 때가 있다.

Words
- recommend 추천하다

170

Point 2 상품이나 서비스의 효용을 설명하는 표현

can provide로 효용을 호소한다

Business E-mail Situation ①

This Web service can provide an efficient and cost-effective model for accomplishing various tasks for your company.

이 웹서비스는 귀사의 다양한 일을 해내는데 효과적이면서도 비용 효율이 높은 비즈니스 모델을 제공할 수 있습니다.

영어의 provide란 단어는 사전에 '제공(공급)하다'라고 나와 있지만, '필요한 것을 가져오다'란 의미가 있어 can provide로 상품의 효용을 호소할 때도 쓴다. 또 예문에서 '일을 해내다'란 의미가 아닌 '일을 행하다/실행하다'라고 말하고 싶을 때는 accomplish 대신에 carry out을 쓰면 된다.

Business E-mail Situation ②

We are contacting you to inquire whether you would be interested in our new product that can benefit your company by automating the business processes.

비즈니스 프로세스를 자동화 하는 것으로 귀사에 상당한 혜택을 줄 수 있는 당사의 신제품을 검토해 주셨으면 해서 연락을 드리는 바입니다.

상품이 구매자에게 혜택을 줄 수 있다는 것을 강조하는 표현이다.

Business E-mail Situation ④

With the addition of this new feature, any user can install an application on a server machine very easily.

이 신기능의 추가로 인해 어느 사용자라도 어플리케이션을 서버에 간단하게 설치할 수 있습니다.

'~의 추가로 인해'는 with the addition of~다. by adding~로도 말할 수 있지만, 이 경우엔 주문(主文)의 주어와 '~의 추가를 행하는 사람'이 동일한 사람이라는 영문이 되므로 주의를 요한다.

Business E-mail Situation ⑤

The system that our company designed provides functions in modules so that it is really easy to maintain.

당사가 설계한 시스템은 모듈 형식으로 기능이 분할되어 있으므로, 보수가 상당히 용이합니다.

'~해서 ~가 용이하다'는 ~so that it is really easy to~를 쓴다. 이런 종류의 표현은 영문 메일에서 비교적 자주 등장한다. 또 '모듈 형식으로 기능이 분할되어 있다'는 '기능을 모듈로 제공하고 있다'고 풀이할 수 있다.

Words
- cost-effective 비용효율이 높은
- benefit ~에게 이롭다, ~의 이익이 되다

In More Depth 한걸음 더

적극적으로 도움을 주려고 할 때

적극적으로 도움을 주려고 할 때 쓰는 표현을 소개한다. 이쪽이 호의를 제공하려고 해도 강요하는 느낌이 들지 않게 완곡적인 표현을 쓰는 것이 제일 좋다.

- **I don't usually give unsolicited help but I can't go on without lending a helping hand** when you are in trouble (so) that I am emailing this document to you.
  쓸데없는 참견은 하지 않는 편이지만, 귀하가 곤란해 하고 있을 때에 도움을 주지 않으면 안 된다고 생각해서 이 서류를 메일로 보냅니다.

- **If you need a helping hand with** setting up a Web server, just get in touch with me.
  웹서버를 설치하는데 일손이 필요하다면 연락 주세요.

- **if you think it would be helpful**, let me vouch for you.
  도움이 될 것이라고 생각하신다면, 제가 귀하의 신원을 보증서겠습니다.

Words
- unsolicited 요구 받지 않은, 불필요한
- vouch 보증하다

Quiz 이런 경우에는 영어로 어떻게 표현?

Q1. With its very high cost performance advantages, this system is a very useful sales support tool that we can certainly _____ _____ .
본 시스템은 비용대비 효과가 높으며, 웹 마케팅에 대단히 유용한 판매 지원 도구입니다. 자신 있게 추천합니다.

Q2. We are a high-tech company _____ _____ high-speed Web services.
당사는 고속 웹서비스를 전문으로 다루고 있는 하이테크 기업입니다.

Q3. This Web service _____ _____ an efficient and cost-effective model for _____ various tasks for your company.
이 웹서비스는 귀사의 다양한 일을 해내는데 효과적이면서도 비용 효율이 높은 비즈니스 모델을 제공할 수 있습니다.

Answer
Q1 recommend, with, confidence Q2 specializing, in Q3 can, provide, accomplishing

Exercise 영한 번역 도전!

Ex1. 웹주택론 출원 시스템 개발에 당사와 함께 작업해 주셨으면 해서 연락을 드리는 바입니다.

Ex2. 귀사에 혜택을 줄 수 있는 당사의 유지보수 계약을 검토해 주셨으면 해서 연락을 드리는 바입니다.

Ex3. 이 프로그램은 레거시 시스템과 신규 데이터베이스를 통합시켜 편의성과 생산성을 제공할 수 있습니다.

Ex4. 당사가 개발한 메일 시스템은 대단히 안정성이 있으므로 장래 시스템 유지비 경감에 도움이 됩니다.

Answer

Ex1 We are contacting you to~로 직접적인 표현을 회피

We are contacting you to inquire whether you would be interested in working together with our company in developing a Web house loan application system.

we are contacting you to inquire whether~는 '~해 주시면 하고 연락드리는 바입니다'란 의미로 we are contacting you to~(~하고 싶어 연락드립니다)를 응용한 표현이다. '~의 개발에 당사와 함께 작업하다'는 work together with our company in developing~으로 쓴다.

Ex2 '귀사에게 혜택을 준다'는 benefit your company

We are contacting you to inquire whether you would be interested in our maintenance service contract that can benefit your company.

Ex1과 같은 간접적 표현의 응용이다. '귀사에게 혜택을 주는 것이 가능하다'는 포인트②에서 소개했다.

Ex3 편의성을 can provide로 호소한다

This program can provide availability and productivity for integrating the existing legacy system with a new database system.

'~과 ~을 통합시키다'는 integrate~with~다. '~시킨 후에 편의성과 생산성을 제공하다'는 provide availability and productivity for~가 된다.

Ex4 ~so that~의 표현

The email system that our company developed is very stable so that it will be easy to reduce your future system maintenance cost.

'~해서 ~입니다'는 ~so that~의 표현을 쓴다.

Lesson 26 상대방의 제의에 대한 태도를 밝힐 때

Point 1 제의를 거절하는 표현
Point 2 제의를 받아들이는 표현
Point 3 승인과 허가에 관한 표현

이쪽에서 결정권을 가진 경우라도, 승인이나 거절의 표현을 Yes나 No로 딱 잘라 말하는 것보다 좀 더 유연하게 하는 것이 좋다. 만약 승인하지 않을 때는 그 이유를 명확히 밝히고 유감의 뜻을 전한다. 26과에서는 상대방으로부터 제안이나 제의를 받았을 때, 그에 대한 태도를 밝히는 다양한 표현들을 배워 보자.

From gdhong@mycompany.com

To myclient@yourcompany.com

Subject We need an alternative plan.

Dear ○○○,

Unfortunately, we cannot agree with the conditions that you suggested.
We would like you to come up with an alternative plan.

Sincerely yours,
Hong Gil Dong

●●● 다른 대안이 필요합니다.

유감이지만 귀사에서 제안한 계약조건에는 합의를 할 수 없습니다.
다른 안을 제시해 주셨으면 합니다.

Point 1 제의를 거절하는 표현

'나중에'는 at a later time, 결정을 뒤로 미루는 형태로 완곡하게 거절한다

Business E-mail Situation ①

As for this development project, we will be happy to reconsider it at a later time when our current difficulties have been resolved.

이 개발 프로젝트에 관해서는 당사의 당면 문제를 해결한 후에 조만간 새로 검토할 예정이므로 잘 부탁드립니다.

상대방의 제안을 받아들일 수 없다고 해서 직접적으로 '거절하겠습니다'라고 말해버리면 안 된다. 이럴 경우에는 '나중에 다시 검토하겠습니다'라고 결정을 뒤로 미루는 형태로, 완곡하게 거절하는 테크닉이 있다. 이 경우 '조만간'은 at a later time으로 표현할 수 있다. 또 '기꺼이 ~하게 해 주세요'의 we will be happy to~란 표현을 응용하면 상대방도 장래에 대한 희망을 가질 수 있어 나쁜 인상을 주지 않고 넘어갈 수 있다.

Business E-mail Situation ②

Unfortunately, we cannot agree with the conditions that you suggested.
We would like you to come up with an alternative plan.

유감이지만 알려주신 계약조건에는 합의를 할 수 없어서 다른 안을 제시해 주셨으면 합니다.

'다른 안을 제시해 달라'란 표현으로 상대의 제의에 부정적인 답변을 하는 말의 예다.
'다른 안'은 another plan(다른 계획), alternative plan(대안)을 상황에 맞게 쓰면 된다. '알려주신'에는 suggested 외에도 proposed, offered 등이 쓰인다. 계약은 부분과 전체가 밀접하게 얽혀있기 때문에 일부 조건에 동의를 할 수 없는 경우라 해도 '계약에는 합의 할 수 없습니다'라고 완전히 부정적인 표현을 쓸 때가 있다. 이런 표현에 대해 영어권의 비즈니스맨은 매우 민감하여 기분 나빠할지도 모른다. 감정을 상하지 않게 거절하고 싶을 때는 어느 부분의 계약조건에 합의 할 수 없는지를 확실하게 밝히는 것이 효과적일 때가 많다.

Business E-mail Situation ③

About the development plan that the marketing division submitted, after careful consideration of it, we have decided that we cannot go ahead with it next month.

마케팅 부문이 제출했던 개발 계획은 잘 검토해 본 결과, 다음 달 개시는 무리라는 결론이 났습니다.

 거절 이유를 확실하게 설명하기 어려울 때에 쓰는 표현이다. 또 결정사항을 전달하는 표현으로 '~하다는 결론이 났습니다'는 we have decided that~으로 쓰면 된다.

Words
- reconsider 다시 생각하다
- resolve 해결하다
- consideration 고려, 참작
- go ahead 진행시키다, 앞으로 나아가다

Point 2 제의를 받아들이는 표현

'기꺼이~'라고 받아들이는 것이 기본 매너

Business E-mail Situation ①

I will be delighted to meet you at the time you suggested.
제시하신 날짜에 기꺼이 뵙도록 하겠습니다.

상대방의 제의를 받아들일 때의 답장은 '기꺼이~'라고 하는 것이 기본 매너다. 위의 delighted 외에 I will be happy to~로 써도 된다. 또 '제의'는 you suggested(당신이 제안한)로 쓰면 된다.

Business E-mail Situation ②

We are happy to accept your offer this time.
이번 제의, 기꺼이 받아들이겠습니다.

간단하게 '제의를 받아들이고 싶다'고 전달할 때 쓰는 표현이다. '제의'는 your offer다.

Business E-mail Situation ③

We are honored and pleased to be able to join your project.
프로젝트에 참가할 수 있게 되어 정말 영광입니다.

조금 과장되게 들일 수도 있겠지만 We are honored and pleased to be able to~(~할 수 있게 되어 정말 영광입니다)란 표현도 자주 쓰는 말이다.

Business E-mail Situation ④

We appreciate your asking us and **are willing to comply** with your request.
귀하의 제안에 감사하며 우리는 기꺼이 요청에 부응할 것입니다.

먼저 제안이나 요청에 감사의 뜻을 나타내는 방법도 있다.

Words
- comply with 요구에 응하다

Point 3 승인과 허가에 관한 표현

cannot give my approval으로 '승인할 수 없다'

Business E-mail Situation ①

About your assessment that you need to add 3 more programmers to your system development project, I cannot give my approval because it seems to be too costly.

귀하의 시스템 개발 프로젝트에 프로그래머 3명을 새로 추가할 필요가 있다는 말씀입니다만, 비용이 너무 들 것 같다는 판단에 승인을 할 수가 없습니다.

승인을 할지 안 할지는 결정사항의 통지이므로 명확하게 상대방에게 전달할 필요가 있다. approval은 동사 approve의 명사로 give my approval to~는 '~을 승인하다'란 의미가 된다. 위 예문에서는 승인을 할 수 없는 이유를 because it seems to~(~할 것 같다는 판단에)로 쓰고 있는데, 이도 표현을 부드럽게 하기 위한 방법의 하나라고 할 수 있다.

Business E-mail Situation ②

I approve of the plan to co-develop a Web automatic transaction system with Open UML Technologies Co.

오픈유엠엘테크놀로지 사와 웹 자동 트랜잭션 시스템을 공동 개발하는 계획을 승인했습니다.

동사 approve를 써서 '~을 승인하다'는 approve of~다. 또 반대말이 '~을 승인하지 않는다'는 disapprove of~다.

Business E-mail Situation ③

I hereby give my approval to you to let Hong Gil Dong go.

홍길동을 해고하는 것을 여기에 승인합니다.

조금 문어적이지만, 위 표현으로 승인을 통지할 수도 있다.

Business E-mail Situation ④

I have decided to grant your request to work overtime.

당신의 잔업 의뢰를 허가하기로 했습니다.

grant(허가하다, 승인하다)를 써서 결정을 통지할 수도 있다. '~하기로 결정했습니다'란 의미로 '~하기로 했습니다'라고 말할 때는 have decided to~를 쓴다.

Words
• assessment 평가, 판단   • approval 승인   • hereby 이로써, 이로 인하여

In More Depth 한걸음 더

승인과 허가에 관한 표현

I am sorry to inform you that~ 구문을 사용하여 승인하지 않는다는 사실을 알릴 수 있다. 아주 기본적인 표현이기도 하므로 기억해두자.

- **I am sorry to inform you that we cannot approve of** any changes in the original deadline that we agreed upon with your company last April.
  죄송합니다만, 지난 4월에 귀사와 합의한 마감 기간의 변경은 승인할 수 없기에 연락드립니다.

조금 색다른 표현이지만 I cannot give the green light to~(~에는 허가를 할 수 없습니다)란 표현도 있다.

- Due to budget constraints, **I cannot give the green light to** your plan to hire new programmers.
  예산 문제로 프로그래머를 고용하자는 귀하의 계획은 허가를 할 수 없습니다.

Quiz 이런 경우에는 영어로 어떻게 표현?

Q1. As for this development project, we will be happy to reconsider it at a _____ _____ when our current difficulties have been resolved.
이 개발 프로젝트에 관해서는 당사의 당면 문제를 해결한 후에 조만간 새로 검토할 예정이므로 잘 부탁드립니다.

Q2. I will be _____ to meet you at the time you suggested.
제시하신 날짜에 기꺼이 뵙도록 하겠습니다.

Q3. About your assessment that you need to add 3 more programmers to your system development project, I cannot give _____ _____ because it seems to be too costly.
귀하의 시스템 개발 프로젝트에 프로그래머 3명을 새로 추가할 필요가 있다는 말씀입니다만, 비용이 너무 들 것 같다는 판단에 승인을 할 수가 없습니다.

Answer
Q1 later, time   Q2 delighted   Q3 my, approval

Exercise 영한 번역 도전!

Ex1. 유감이지만, BullSoft 사와의 유지보수 계약을 6개월 연장하는 것을 승인할 수 없습니다. 기간을 좀 더 짧게 해서 검토해주셨으면 합니다.

Ex2. 이번에 귀하의 버그 수정을 도와주는 것은 여러 가지 저희의 스케줄을 고려해본 결과, 다음 주에 시작하기는 어렵다란 결론이 났습니다.

Ex3. 귀하의 프로젝트를 지원할 수 있게 되어(도와줄 수 있게 되어) 정말 영광입니다.

Ex4. 죄송합니다만, 귀하의 개발 계획은 몇 몇 위원이 반대하고 있어서 승인을 할 수 없다는 것을 알려드립니다.

Answer

Ex1 grant를 써서 '허가를 할 수 없다'는 뜻을 전달한다

Unfortunately, we cannot grant a six-month extension for the maintenance contract with BullSoft Co. We would like you to consider a shorter extension.

'연장 할 수 없습니다'는 grant(허가하다, 승인하다)를 써서 '연장을 허가 할 수 없습니다'로 표현하면 된다.

Ex2 we have decided that으로 결정 사항을 전달한다

About helping you with debugging this time, after shuffling our schedules, we have decided that we cannot start it next week.

'프로그램 버그 수정을 도와주다'는 '프로그램 버그 수정으로 귀하를 도와주다'라고 번역해서 help you with debugging으로 쓰면 된다.

Ex3 조금 과장되게 들리지만 자주 쓰는 honored and pleased

We are honored and pleased to lend a hand to your project.

'귀하의 프로젝트를 지원하다'의 '지원'은 문자 그대로 번역하면 support다. '도와주다'란 의미라면 Lesson 25의 'In More Depth'에 소개한 lend a hand를 쓴다. 이 표현은 동사 lend를 쓰는 것에 주의해야 한다.

Ex4 I am sorry to inform you로 유감스런 결정을 전달한다

I am sorry to inform you that we cannot approve of your development plan because some board members are against it.

포인트③에서 소개한 통지의 기본 표현을 쓴다. '반대하고 있다'는 be against를 쓴다.

Lesson 27 의견을 교환할 때

Point 1 상대의 의견을 구하는 표현
Point 2 자신의 의견을 제시하는 표현
Point 3 주의를 환기시키는 표현

의견 교환이나 토론을 할 때 메일로 하는 것이 직접 만나서 회의하는 것보다 이후 일의 진행에 도움이 되는 경우가 있다. 의견을 제시할 때는 자신의 생각을 분명하게 말하는 것이 중요하지만 보다 조심스러운 표현이 필요할 때도 있다. 이 과에서는 영어 메일로 토론할 때 도움이 되는 다양한 표현을 살펴보자.

From: gdhong@mycompany.com
To: myclient@yourcompany.com
Subject: About the next project

Dear ○○○,

Regarding the next development project, we would like to proceed along the line described above.
Please let me know what you think.

Sincerely yours,
Hong Gil Dong

●●● 차기 프로젝트에 대하여

차기 개발 프로젝트를 위와 같은 구상으로 진행하고 싶습니다.
어떻게 생각하시는지 알려주십시오.

Point 1 상대의 의견을 구하는 표현

 '어떠신가요?'는 '어떻게 생각하세요?'로 말한다

Business E-mail Situation 1

Regarding the next development project, we would like to proceed along the line described above. Please let me know what you think.

차기 개발 프로젝트 말입니다만, 위와 같은 구상으로 진행하고 싶은데, 어떠신가요?

 '어떠신가요?'는 Please let me know what you think(어떻게 생각하고 계신지 알려 주세요)로 쓰면 된다.

Business E-mail Situation 2

I would like to hear your opinion on whether or not your company intends to make the development group stay in Seoul a little longer.

귀사가 개발 그룹을 서울에 좀 더 주재시킬 예정인지 어떤지, 귀하의 의견을 묻고 싶습니다.

 정확한 표현으로 의견을 구할 때 쓰는 예다. '~인지 아닌지(에 대한)의 의견'과 같이 어떤 질문에 대해 'Yes·No'의 대답을 물을 때 opinion on whether란 표현을 쓴다. '~할 예정'은 intend to~가 된다.

Business E-mail Situation 3

I would be interested to know what you think about the shrinking employment market in Korea.

한국에서 고용이 축소되고 있는 것에 대해 귀하가 어떻게 생각하시는지를 알고 싶습니다.

 '의견'이라고 정확하게 쓰지 않고 what you think about~(~에 대해 어떻게 생각하는지)라고 물을 때도 있다. 이와 같은 때의 '알고 싶습니다'는 I would be interested to know/hear/find out~이 좋다.

Words
- proceed 나아가다, ~하기 시작하다
- described above 위에서 언급한
- intend 의도하다, ~할 작정이다
- stay 머무르다
- employment market 고용시장

Point 2 자신의 의견을 제시하는 표현

 as far as I am concerned로 '저로서는'

Business E-mail Situation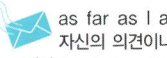

As far as I am concerned, the addition of 3 programmers is unnecessary.
저로서는 프로그래머 3명을 추가하는 것은 불필요하다고 생각합니다.

as far as I am concerned는 형식적인 문장에서 쓰는 '제가 아는 바로는'란 의미지만, 위와 같이 자신의 의견이나 생각을 말할 때는 '저로서는'이란 뉘앙스로 쓸 수 있다. in my opinion(제 의견으로는)이나 from my view(제 견해로는) 등도 함께 자신의 의견의 범위를 한정하는 것으로서 표현을 삼가는 소극적인 인상을 줄 수가 있다.

Business E-mail Situation

As for the solution that the sever development group proposed, I would like to meet with you and talk about it.
서버 개발 그룹이 제안한 솔루션에 대해서는 귀하와 직접 만나서 의견을 나누고 싶습니다.

간단하지만 I would like to~(~하고 싶습니다)도 자신의 생각을 나타내는데 쓸 수 있다.
이 예문에서는 as for~의 안에 문장의 주제가 처음에 나오고 있다. 이 표현을 쓰지 않을 때는
I would like to meet with you and talk about the solution that the sever development group proposed.가 된다.

Business E-mail Situation

It is Mr. David Skyport's opinion that the San Jose office should send 3 programmers to Seoul to support us.
새너제이 사무실은 우리를 돕기 위해 3명의 프로그래머를 서울에 파견해야 한다는 것이 데이비드 스카이포트 씨의 의견입니다.

'~라는 것이 ~의 의견입니다'와 같이 제3자나 자신의 부서의 의견을 전달할 때는 It is~'s opinion that~의 표현을 쓸 수 있다. that 이하에 의견의 내용을 말하면 된다.

Words
• as far as ~하는 한 • unnecessary 불필요한 • talk about ~에 대해 이야기하다 • support 지원하다, 후원하다

Point 3 주의를 환기시키는 표현

draw your attention to~로 의견을 말해서 상대방에게 깊은 인상을 준다

Business E-mail Situation 1

I would like to draw your attention to some of the advantages of our plan over those of other development teams.

다른 개발 팀의 계획에 비해, 저희 계획이 몇 가지 점에서 뛰어나다는 것을 주목해 주세요.

> I would like to draw your attention to~(~에 주목해 주셨으면 한다)는 주장하고 싶은 논점에 대해 상대방의 주의를 환기시키는 표현이다. 이쪽의 주장이나 생각을 상대방에게 강한 인상으로 남게 할 수가 있다.

Business E-mail Situation 2

Allow me to point out that this is not the first time LinkPack Co. has failed to complete the project on schedule.

링크팩 사가 프로젝트를 스케줄대로 종료하지 못했던 것은 이번이 처음이 아니라는 사실을 지적하고 싶습니다.

> 어떤 논점에 주의를 환기시켜 이쪽의 주장을 강하게 호소하는 표현이다.
> 여기서는 '(스케줄대로)종료하지 못했던'을 failed to complete(종료하는 것에 실패했던)이라고 쓰고 있다. 이와 같은 문맥에서는 '못했던'을 '불가능했던'의 could not으로 번역하는 것은 부적절하다. 아울러 fail to complete의 반대표현은 manage to complete다.

Business E-mail Situation 3

We should not overlook the fact that the vast majority of our clients have very little knowledge about programming.

저희 고객의 대다수는 프로그래밍에 대해 거의 알지 못하다는 사실을 간과해서는 안 됩니다.

> '~의 대다수'는 he vast majority of~다. '~에 대해 거의 알지 못한다'는 have very little knowledge about~이라고 하는 것이 적절하다. 이와 같은 표현에 비해, 문장을 그대로 직역한 almost don't know anything about~은 의미가 애매하다.

Words
- draw 당기다, 끌다 • attention 주의, 주목 • advantage 장점 • point out 지적하다 • overlook 간과하다
- fact 사실 • vast 거대한, 막대한 • majority 다수

In More Depth 한걸음 더

의견 표명을 피하고 싶을 때의 표현

어떤 이유로 인해 이쪽의 의견을 상대방에게 전하고 싶지 않을 때도 있다. 이런 종류의 표현은 분명치 않은 관료의 답변 같긴 하지만, 최소한 이쪽의 입장을 상대방에게 전할 수는 있다.

- About how the project group is doing these days, we are so pressed for time on everything that **we are afraid we cannot give you a meaningful opinion**.
  프로젝트 그룹의 요즘 일하는 태도 말입니다만, 공교롭게도 시간에 쫓겨서 좋은 의견을 말할 수가 없습니다.

- **I believe it is still too early to evaluate** how the project has been progressing.
  프로젝트의 진행모습에 평가를 내리는 것은 아직 시기상조라고 생각합니다.

- About appointing Mr. Hong Gil Dong to manage the Web system project, **I would like to think more about it before giving an opinion**.
  홍길동씨를 웹 시스템 프로젝트 매니저에 임명하는 것에 대해서는 의견을 말하기 전에 좀 더 생각해 보고 싶습니다.

Words
- meaningful 의미심장한, 뜻있는 • evaluate 평가하다

Quiz 이런 경우에는 영어로 어떻게 표현?

Q1. Regarding the next development project, we would like to proceed along the line described above. Please let me know _____ _____ _____.
차기 개발 프로젝트 말입니다만, 위와 같은 구상으로 진행하고 싶은데, 어떠신가요?

Q2. As far as I _____ _____, the addition of 3 programmers is unnecessary.
저로서는 프로그래머 3명을 추가하는 것은 불필요하다고 생각합니다.

Q3. I would like to _____ _____ _____ to some of the advantages of our plan over those of other development teams.
다른 개발 팀의 계획에 비해, 저희 계획이 몇 가지 점에서 뛰어나다는 것을 주목해 주세요.

Answer
Q1 what, you, think Q2 am, concerned Q3 draw, your, attention

Exercise 영한 번역 도전!

Ex1. 저희가 작년에 개발한 메일 소프트웨어에 대해서 귀하가 어떻게 생각하고 계신지를 알고 싶습니다.

Ex2. DynaGrid 사에 즉시 작업을 개시하라고 명령해야 한다는 것이 우리 부서의 의견입니다.

Ex3. 검색과 디스플레이에 엑셀 파일을 어떻게 사용하는 가에 대해서는 메일과 전화로 귀하와 서로 생각을 교환하고 싶습니다.

Ex4. 개발 비용 삭감을 위해 오픈 소스 소프트웨어를 이용하는 기업이 늘고 있다는 사실을 간과해서는 안 됩니다.

Answer

Ex1 '알고 싶다'는 interested to know

I would be interested to know that you think about the mail software that we developed last year.

'~에 대해 어떻게 생각하는지 알고 싶습니다'는 포인트①에서 소개한 표현을 그대로 쓰면 된다.
다른 말로는 I would be interested to find out your opinion (thought) about~ 등도 있다.

Ex2 자신의 부서의 의견을 전달하고 싶을 때의 표현

It is the opinion of my section that we should tell DynaGrid Co. to get started immediately.

포인트②에서 나온 제3자나 자신의 부서의 의견을 전달할 때의 표현을 응용한다.
'즉시'는 immediately 대신에 right away를 쓸 수도 있다.

Ex3 I would like to~로 이쪽의 생각을 나타낸다

As for how to use an excel file for search and display, I would like to exchange our ideas via email and phone.

우리말의 '메일과 전화로'의 '로'는 수단을 나타내는 격조사지만, 이 '로'는 영어로 바꾸기 조금 복잡하다.
이 문맥으로는 '메일과 전화를 매개로 해서'란 의미로 via나 through를 쓰는 것이 좋다.

Ex4 주장을 강하게 남게 하는 표현을 쓴다

We should not overlook the fact that more and more companies are using open source software to cut down their development cost.

포인트③에서 나온 어떤 논점을 강조해서 주장을 강하게 남게 하는 표현의 응용이다. '~하는 기업이 늘고 있다'는 뒤바꿔서 more and more companies are~로 쓰면 된다.

Lesson 28
기대 · 불안 · 확신을 표현할 때

Point 1 희망과 기대의 표현
Point 2 우려와 불안의 표현
Point 3 확신과 자신감의 표현

어떠한 사안에 대한 주관적인 감정을 표현하는 방법은 다양하다. 절실한 희망이나 기대를 전달할 수도 있고, 또 직접적으로 반대 의견을 말할 만한 이유가 없거나 그것이 가능한 상황이 아닐 때 간접적인 표현으로 뜻을 전달할 수도 있다. 아울러 상대방의 요구를 들어줄 때 상대방을 안심시킬 수 있는 표현도 알아보자.

From: gdhong@mycompany.com
To: myclient@yourcompany.com
Subject: Our concern is…

Dear ○○○,

My team members are concerned about whether the collaboration business manager is someone who really understands the software industry.

Sincerely yours,
Hong Gil Dong

••• 우리의 염려는…

우리 팀원들은 우려하고 있습니다. 공동작업 관리자가 정말로 소프트웨어 업계를 잘 알고 있는지에 대해서 말이죠.

희망과 기대의 표현

희망적 관측은 have every hope로 표현

Business E-mail Situation ①

Regarding Bug Report 123, if I can have my PC repaired by tomorrow, I have every hope that I can fix the bug in three days.

버그 리포트 123에 대해서 말입니다만, 만약 내일까지 내 PC를 수리할 수 있다면 그 버그를 꼭 3일 안에 해결할 것이라고 생각합니다.

 희망적 관측에 기초해 '꼭 ~라고 생각합니다'라고 말할 때는 이와 같이 I have every hope that~ 을 쓴다. 이 예문의 have my PC repaired(내 PC를 수리 받다)의 have는 앞에서도 나왔지만 '~해 받다'의 의미가 있다.

Business E-mail Situation ②

We can only hope that FestaSeven Co. will continue the development contract with us.

페스타세븐 사가 저희와의 개발 계약을 계속해 주기를 바라는 바입니다.

 절실한 희망을 전할 때의 표현이다.

Business E-mail Situation ③

It is our sincere hope that someday we will be moving our office to San Mateo, California.

언젠가 사무실을 샌머테이오 시로 이전할 수 있게 되기를 진심으로 바라고 있습니다.

 진심으로 바라고 있음을 표현하는 방법으로 It is our sincere hope that~을 사용하는 방법도 있다. that 이하에 바라고 있는 내용을 적으면 된다.

Words
• repaired 수선된 • hope 희망하다 • continue 계속하다 • sincere 진심의, 진실의 • someday 언젠가, 어느 날

Point 2 우려와 불안의 표현

be concerned about로 우려를 표현

Business E-mail **Situation 1**

My team members are concerned about whether the collaboration business manager is someone who really understands the software industry.

우리 팀원들은 우려하고 있습니다. 공동작업 관리자가 정말로 소프트웨어 업계를 잘 알고 있는지에 대해서 말이죠.

 '~을 우려하고 있습니다'는 be concerned about~다. '그가 ~의 것을 알고 있는지를 우려하고 있습니다'는 '그가 ~의 것을 알고 있는 사람인지를 우려하고 있다'고 해석하면 concerned about whether he is someone who understands~로 쓸 수 있다.

Business E-mail **Situation 2**

It concerns us that the service development project is 2 months behind schedule.

개발 프로젝트가 예정보다 2개월 늦춰지고 있으므로 걱정하고 있습니다.

 concern을 써서 우려를 표현하는 표현이다.

Business E-mail **Situation 3**

I am not 100% confident that we will be able to complete the development project by the end of January as we originally agreed with WiFiPlus Co.

와이파이플러스 사와 당초 합의한 1월말까지 이 개발 프로젝트를 완성할 수 있을지 100%의 자신은 없습니다.

 우려나 불안이 있다는 점을 전달하는 표현이다. 100%를 absolutely(완전하게)로 바꿔 써도 의미상으로는 거의 변함이 없다.

Business E-mail **Situation 4**

I don't want to draw a hasty conclusion on Anton Montague's proposal for adding three server machines.

서버를 3대 추가하자는 안톤 몬터규의 제안에 대해 경솔한 결론을 내리고 싶지 않습니다.

 직접적인 말투로 우려를 전달하는 표현이다. '결론을 내리다'의 '내리다' 부분은 draw(꺼내다) 대신에 come up with를 써서 표현할 수도 있다. '경솔한 결론'은 hasty conclusion이지만 '경솔한 행동'은 careless behavior로 쓴다.

Words
- software industry 소프트웨어 업계 • complain 불평하다 • confident 확신하고 있는
- hasty conclusion 성급한 결론

 **확신과 자신감의 표현**

Please rest assured as~로 '~이므로 안심하세요'

Business E-mail Situation

Please rest assured as we will take care of the bug immediately.
    그 버그는 즉시 처리되므로 안심하세요.

 rest assured은 '~은 확실하다(고 생각한다)'란 느낌을 준다. Please를 써서 Please rest assured as~라고 명령형으로 쓰면 '~하므로 안심하세요'란 의미의 표현이 된다.

Business E-mail Situation

You have my word that we will not go over budget on the development project.
    개발 프로젝트에 예산을 절대로 초과하지 않을 것을 약속하겠습니다.

 절대 괜찮으므로 안심하세요라고 장담을 하고 싶을 때 쓰는 표현이다. 이 경우 word에는 '약속'이란 의미도 있다는 점을 기억해두자. '약속합니다'는 문자 그대로 promise(약속하다)란 동사를 써서 I promise you that~이라고 쓸 수 있다.

Business E-mail Situation

I assure you that I will not hire any additional programmers without your approval.
    귀하의 승인 없이 신규채용은 없다는 것을 확신합니다.

    '~할 것을 확신합니다'란 표현은 I assure you that~가 된다.

Words
•rest 쉬다 •assured 확실한 •assure 보증하다, 확실하게 하다 •hire 고용하다 •additional 추가의

In More Depth 한걸음 더

이유를 정확하게 상대방에게 전달한다

자신의 생각이나 입장의 논거를 확실하게 상대방에게 전달하는 것은 교섭의 기본이다. '이유는~입니다' 라고 정확하게 전달하자.

- **The main reason** we decided to develop the program **is that** the demand for open-source software continues to grow.
  당사가 그 프로그램을 개발하기로 결정한 주된 이유는 오픈 소스 소프트웨어에 대한 수요가 확대되고 있기 때문입니다.

- We have been unable to speed up the progress of the Web server development project **because of** the steady development budget cut.
  요즘 개발 예산 삭감으로 인해 웹서버 개발 프로젝트의 진행이 속도를 내지 못하고 있습니다.

- **The reason why** we need more programmers **is because** we are getting behind schedule.
  추가로 프로그래머가 필요한 이유는 스케줄이 늦어지고 있기 때문입니다.

Words
- continue 계속하다 • demand 요구, 수요 • grow 성장하다, 자라다 • budget cut 예산 삭감

Quiz 이런 경우에는 영어로 어떻게 표현?

Q1. Regarding Bug Report 123, if I can have my Pc repaired by tomorrow I have _____ _____ that I can fix the bug In three days.
   버그 리포트 123에 대해서 말입니다만, 만약 내일까지 내 PC를 수리할 수 있다면 그 버그를 꼭 3일 안에 해결할 것이라고 생각합니다.

Q2. My team members are _____ _____ whether the collaboration business manager is someone who really understands the software industry.
   우리 팀원들은 우려하고 있습니다. 공동작업 관리자가 정말로 소프트웨어 업계를 잘 알고 있는지에 대해서 말이죠.

Q3. Please _____ _____ as we will take care of the bug immediately.
   그 버그는 즉시 처리되므로 안심하세요.

Answer
Q1 every, hope Q2 concerned, about Q3 rest, assured

Exercise 영한 번역 도전!

Ex1. 자동 트랜잭션 시스템 개발 프로젝트를 성공리에 완성하기를 진심으로 기원합니다.

Ex2. 예정보다 계속 늦어지고 있는 신제품 개발 프로젝트를 이어받는 건입니다만, 저는 2010년 12월까지 끝낼 수 있을지 100% 확신하지 못하겠습니다.

Ex3. 두 번 다시 선적 스케줄을 늦추지 않을 것을 확신합니다.

Answer

Ex1 '진심으로 바란다'는 it is our sincere hope that~

It is our sincere hope that we can complete the automatic transaction system development project successfully.

포인트①에서 소개한 절실한 희망을 나타내는 표현이다. hope를 수식하는 형용사는 sincere 외에 fervent(열렬한)도 비교적 자주 쓴다.

Ex2 우려를 표현하는 I am not 100% confident

Regarding taking over the new product development project which is well behind schedule, I am not 100% confident that I catch up with the delay by December 2010.

'예정보다 계속 늦어지고 있는 프로젝트'는 project which is well behind schedule이 된다. well behind는 far behind로 써도 된다.

Ex3 '~을 확신합니다'는 I assure you that

I assure you that we will never again get behind schedule in shipping.

포인트③에 나온 표현을 응용한 말이다.

Lesson 29 — 찬성의 의미를 전할 때

- **Point 1** 의견에 동의하는 표현
- **Point 2** 부분적인 합의의 표현
- **Point 3** 전적인 지지의 표현

'찬성'에도 여러 가지 경우가 있다. 강한 찬성의 표현뿐만 아니라 여지를 갖는 표현이나 미묘한 입장을 표현하는 경우도 있을 것이다. 그런 경우 찬성할 수 있는 범위를 알리고 납득이 되지 않는 점은 의견을 교환하면서 합의점을 이끌어가는 것이 커뮤니케이션의 기술이다. 다양한 찬성의 표현에 대해 배워 보자.

From gdhong@mycompany.com
To myclient@yourcompany.com
Subject I agree with your opinion.

Dear ○○○,

I agree with your opinion that the bug report should include a description of the phenomenon when the problem occurred.

Sincerely yours,
Hong Gil Dong

••▶ 당신의 의견에 동의합니다.
버그 리포트에는 문제가 발생한 때의 현상에 대한 기록이 포함되어야 한다고 하는 귀하의 의견에 동의합니다.

Point 1 의견에 동의하는 표현

 '의견에 동의하다'면 agree with your opinion

Business E-mail Situation ❶

I agree with your opinion that the bug report should include a description of the phenomenon when the problem occurred.

버그 리포트에는 문제가 발생한 때의 현상에 대한 기록이 포함되어야 한다고 하는 귀하의 의견에 동의합니다.

 상대방의 의견에 찬성의 뜻을 전할 때 사용하는 기본적 표현은 I agree with your opinion that~(~라고 하는 의견에 동의합니다)다. 여담이지만 phenomenon(현상)의 복수형은 phenomena가 된다.

Business E-mail Situation ❷

We agree with you on the issue of the temporary freeze of the development.

개발의 일시 정지 건에 대해 저희는 귀하의 의견에 찬성합니다.

 temporary freeze 일시 정지

Business E-mail Situation ❸

I think that we are in agreement on the main points of how many days we are allowed to spend on fixing this bug.

이 버그를 며칠 내에 잡아야 한다는 점에 대해서는 저희들은 대략 의견이 일치하고 있습니다.

 대략적으로 의견이 일치하고 있다는 의미는 주요한 부분에서 일치하고 있다는 뜻이므로 we are in agreement on the main points로 표현한다.

Business E-mail Situation ❹

This development team is of the same opinion with Manager Hong Gil Dong.

당 개발팀은 홍길동 과장과 동일한 의견입니다.

 같은 의견임을 표현하는 방법도 있다.

Business E-mail Situation ❺

I can understand your thought that programmers shouldn't work overtime every night.

프로그래머는 날마다 야근을 해서는 안 된다는 당신의 생각을 이해합니다.

 '당신의 생각을 이해할 수 있습니다'라는 말로 동의를 표현한다.

Words
• the same opinion 동일한 의견 • understand 이해하다

Point 2 부분적인 합의의 표현

'~하고 싶지만'은 be inclined~although

Business E-mail Situation

About bringing more programmers into this project, I am inclined to agree with you although we may differ on a couple of points.

이 프로젝트에 프로그래머를 좀 더 추가하는 건에 대해서 귀하에게 찬성하고 싶지만, 두세 군데 생각이 다른 점이 있는 것 같습니다.

> I am inclined to agree with~although(찬성하고 싶지만) 뒤에 we may differ on a couple of points(저희는 두세 군데 생각이 다른 점이 있는 것 같습니다)가 와서, 일부 찬성, 일부 반대라고 하는 미묘한 입장을 표현하고 있다. incline은 '~의 경향이 있다'라고 사전에 나와 있지만, 이와 같이 '~하고 싶은 마음이 있다'란 의미로 자주 쓴다. we may differ의 differ는 형용사 different(다르다)와 어간이 같은 자동사로 from, in, on 등의 전치사를 동반한다.

Business E-mail Situation

Although I agree with most of what you've described in your email of July 15 about how to market our email server software in Taiwan, I find it difficult to agree with you on the issue of customizing the software by ourselves.

당사의 메일 서버 소프트웨어를 대만에 어떤 식으로 판매할지에 대해 귀하가 7월 15일자 메일로 제시하신 내용의 대부분에는 찬성합니다만, 이 소프트웨어를 우리가 커스터마이즈하는 문제에 대해서는 찬성하기 어렵습니다.

 일부 찬성, 일부 반대라고 하는 입장을 전달할 때 쓰는 표현이다.

Business E-mail Situation

About this development plan, I think we agree for the most part, but the following 3 points should be discussed further.

이 개발 계획에 관해 대부분의 점에서 저희들은 의견이 일치한다고 생각합니다만, 다음 세 가지 점은 좀 더 논의할 필요가 있겠습니다.

> I think we agree for the most part(저희들은 대부분의 점에서 의견이 일치한다고 생각합니다)라고 일부 찬성의 뜻을 나타낸 후에 should를 써서 동의 할 수 없는 부분을 주장하는 표현이다.
> '논의할 필요가 있겠습니다'와 같이 조동사 should를 써서 '~해서 당연'이란 뉘앙스로 (자신의)제안을 시사하는 경우, 이 예문과 같이 무생물 주어 수동태를 사용해서 쓰면, 강요하는 인상을 줄 수 있다. 반대로 상대방에게 강하게 나가고 싶을 때는 무생물 주어 수동태로 쓰는 것이 효과적이라고 할 수 있다.

Words
- incline 기울다, ~하고 싶어지다　・a couple of 두 개의, 두서넛의
- customize 커스터마이즈하다 (특정한 요구에 맞추어 변경하다)

Point 3 — 전적인 지지의 표현

전적인 지지는 fully in favor of

Business E-mail Situation 1

About how to change the basic development plan,
I am fully in favor of asking the chief engineer to help us.

기본 개발 계획을 어떤 식으로 변경할지에 대해서 말입니다만, 기술 주임의 협조를 구하는 것에 저는 전적으로 찬성합니다.

'~하는 것에 저는 전적으로 찬성합니다'라고 상대방의 생각을 전면적으로 지지하고 싶을 때는 I am fully in favor of~로 쓰면 된다.('~'의 부분은 동명사가 된다.) '기술주임의 협조를 구한다'는 ask the chief engineer for some help with it으로 써도 된다.

Business E-mail Situation 2

I give my total support to the idea of changing the basic specifications.

기본 사양을 변경하자는 생각에는 저는 전적으로 찬성합니다.

상대방의 제안에 대해 전적으로 지지할 때는 support(지지)를 명사로 써서 표현한다.

Business E-mail Situation 3

I firmly support San Jose office's proposal that we need to reevaluate the chief engineer's competency.

저는 기술 주임의 능력을 재평가할 필요가 있다고 하는 새너제이 사무실의 제안을 확실하게 지지합니다.

같은 support를 동사로 써서 I firmly support~(~을 확실하게 지지합니다)란 표현도 있다. 아울러 '기술 주임의 능력'이라고 써서 '실제의 업무 수행 능력'에 대해 언급할 때는 '능력'에 competency를 쓰는 것이 적절하다.

Words

- basic 기본적인 • fully 전적으로, 완전히 • in favor of ~에 찬성하여, ~를 위하여 • total support 전적인 지지
- firmly 확고하게, 확실하게 • reevaluate 재평가하다 • competency 능력, 적격

In More Depth 한걸음 더

일정한 조건하에 기본적인 지지를 표현하고 싶을 때
아래 예문은 상대방이 제시한 제안이나 생각에 기본적으로 또는 일정한 조건 하에 지지할 때 쓰는 표현이다.

- **Basically I support the idea of** letting contracted programmers work overtime.
  계약 프로그래머에게 잔업을 시키자는 생각에 저는 기본적으로 지지합니다.

- **I like the basic idea** behind Mr. Lucas Fremont's instruction, **but I can't help wondering about some of the particulars.**
  루카스 프리몬트 씨의 지시에 담겨있는 기본적인 생각에는 동의합니다만, 개별적으로는 의문이 드는 점이 몇 가지 있습니다.

- **I would not oppose to the idea of** making some significant changes to Jeffrey Piven's design.
  제프리 피븐 씨의 설계에 몇 가지 중요한 변경을 가하자는 생각에 저는 반대하지 않습니다.

Words
- basically 기본적으로
- oppose 반대하다
- significant 중대한, 중요한

Quiz 이런 경우에는 영어로 어떻게 표현?

Q1. I _____ _____ your opinion that the bug report should include a description of the phenomenon when the problem occurred.
버그 리포트에는 문제가 발생한 때의 현상에 대한 기록이 포함되어야 한다고 하는 귀하의 의견에 동의합니다.

Q2. About bringing more programmers into this project, I am _____ to agree with you although we may differ on a couple of points.
이 프로젝트에 프로그래머를 좀 더 추가하는 건에 대해서 귀하에게 찬성하고 싶지만, 두세 군데 생각이 다른 점이 있는 것 같습니다.

Q3. About how to change the basic development plan, I am fully _____ _____ _____ asking the chief engineer to help us.
기본 개발 계획을 어떤 식으로 변경할지에 대해서 말입니다만, 기술 주임의 협조를 구하는 것에 저는 전적으로 찬성합니다.

Answer
Q1 agree, with   Q2 inclined   Q3 in, favor, of

Exercise 영한 번역 도전!

Ex1. VACAM Tech 프로젝트를 납기에 맞추기 위해 무엇을 할 수 있는지에 대해 저희들은 대략 의견이 일치한다고 생각합니다.

Ex2. 우리가 채택해야하는 방법론에 관해서 저희들은 대부분 뜻이 일치하고 있다고 생각됩니다만, MetroSoft 사의 실현계획은 좀 더 신중하게 검토해야할 것입니다.

Ex3. Kent Morris를 개발팀으로부터 제외시켜야 한다는 당신의 생각은 이해가 됩니다.

Ex4. 이 프로젝트를 누구에게 할당할지에 관해서 저는 Greenwitch씨가 적당하다고 생각하지만, 우리는 몇 가지 점에서 의견이 다른 것 같습니다.

Answer

Ex1 '대략적으로 합의'는 be in agreement on the main points

I think that we are in agreement on the main points on what we can do to make the deadline for the VACAM Tech project.

'대략적으로 합의하고도 있다'는 포인트①에서 소개한 찬성 표현을 쓴다.

Ex2 일부 찬성의 뜻을 나타낸 후에 should로 다른 의견을 낸다

About the methodology that we should adopt, I think we agree for the most part, but we should examine MetroSoft's implementation plan more carefully.

포인트①에서 소개한 '대부분의 점에서 저희들은 뜻이 일치하고 있다'로 찬성 의견을 나타낸 후, 포인트②에서 제시한 should로 다른 의견을 나타내고 있다.

Ex3 '이해가 됩니다'로 찬성하는 뜻을 나타낸다

I can understand your thought that we should remove Kent Morris from the development team.

'~란 당신의 생각은 이해가 됩니다'는 I can understand your thought that~로 쓴다.

Ex4 inclined를 써서 일부 찬성 표현을 하는 방법

About who should be assigned to this project, I am inclined to agree with Mr. Greenwitch although we may differ on a couple of points.

동의하고 찬성하는 표현은 I am inclined to agree를 쓴다. '누가 이 프로젝트에 할당되어야 하는지'는 '이 프로젝트에 누가 적당한지'와 같은 의미이다.

Lesson 30 — 반대 의견을 전할 때

Point 1 전적인 반대의 표현
Point 2 완곡한 반대의 표현
Point 3 재고를 요청하는 표현

상대의 의견에 동의할 수 없다는 점을 어떻게든 명확하게 전달해야 하는 상황이 있다. 또한 결정이 내려진 사안이라도 다시 한 번 재고해 달라고 부탁해야 하는 경우도 있을 것이다. 의견이 일치하지 않을 때, 먼저 상대방의 입장을 인정하면서 자신의 생각은 어떻게 다른지 표현하는 대화의 기술을 배워 보자.

From: gdhong@mycompany.com
To: myclient@yourcompany.com
Subject: I don't agree with your assertion at all.

Dear ○○○,

I don't agree with your assertion at all that should fix the bug because it is located in a module which I have nothing to do with.

Sincerely yours,
Hong Gil Dong

••• 당신의 주장에 전적으로 동의할 수 없습니다.

이 버그를 수정할 사람이 저라고 하는 귀하의 주장에는 전적으로 동의할 수 없습니다. 그 버그는 제가 전적으로 관여하지 않은 모듈 내에 있기 때문입니다.

Point 1 전적인 반대의 표현

'전적인 반대'는 absolutely disagree

Business E-mail Situation 1

I am afraid absolutely disagree with you regarding how to assign our programmers.

저희 프로그래머의 역할 분담에 대해서는 유감스럽지만, 귀하와 생각에 전적으로 반대합니다.

'전적으로 반대합니다'라고 말하고 싶을 때의 '전적으로는'는 absolutely를 쓴다. absolutely 외에도 totally나 completely 등을 쓸 수 있다. 이 예문에서는 I absolutely disagree로 말하기 전에 I am afraid~(유감이지만)을 써서 너무 심한 충격을 받지 않도록 하고 있다.

Business E-mail Situation 2

I don't agree with your assertion at all that should fix the bug because it is located in a module which I have nothing to do with.

이 버그를 수정할 사람이 저라고 하는 귀하의 주장에는 전적으로 동의할 수 없습니다.
그 버그는 제가 전적으로 관여하지 않은 모듈 내에 있기 때문입니다.

상대방과의 의견에 차이가 커서 도저히 동의할 수 없을 때가 있다. 상황에 따라서는 이쪽의 입장을 정확하게 상대방에게 전달해야 한다. '~은 모듈 내에 있다'는 ~is in a module이라고 해도 충분하다. 다만 이 예문과 같이 ~is located in a module이라고 쓰면 모듈 내에 존재하는 것이 문장의 의미에 포함되어 더욱 효과적인 표현이 된다.

Business E-mail Situation 3

I feel that I really must disagree with Matthew Hawkins' opinion.

매튜 호킨스의 의견에는 반대해야 한다고 생각합니다.

동사 must를 써서 '반대해야 한다'고 강하게 의사를 표시해야 하는 경우에는,
위 예문처럼 I feel that~(~라고 생각합니다)로 시작하면 조금 어조를 부드럽게 할 수가 있다.

Words
- absolutely 전적으로, 절대적으로 • disagree 의견이 다르다 • assign 할당하다, (임무나 직책에)임명하다
- assertion 주장, 단언 • at all (부정문에서) 조금도 ~이 아니다 • locate ~에 두다
- module 모듈(정해진 일을 수행하는 프로그램의 논리적인 부분) • have nothing to do with ~와 관계가 없다
- opinion 의견, 견해

Point 2 완곡한 반대의 표현

 정리해야만 하는 '문제'는 issue

Business E-mail Situation 1

I agree with your idea to some extent but it seems that we need to deal with a couple of issues before we finalize our plan.

귀하의 의견에는 저도 어느 정도까지는 찬성하지만, 저희들의 계획을 최종 결정하기 전에 아직 두세 가지 문제를 정리할 필요가 있다고 생각합니다.

 이 예문에서는 상대의 의견에 배려하면서도 '아직 두세 가지 문제를 정리할 필요가 있다'란 말로 조금 간접적으로 반대의 뜻을 나타내고 있다.

Business E-mail Situation 2

I understand your point ; have you considered the time of carrying out what you have proposed?

귀하의 지적을 이해합니다만, 귀하의 제안을 실행하는데 필요한 시간을 생각해 보셨습니까?

상대방의 주장을 일단 받아들이는 자세를 보인 후에 '그렇기는 해도 이쪽 입장에서는~'이라고 반대 의견을 말할 때는 의견을 조정할 때의 테크닉이다. 이럴 때 I understand your point~(귀하의 지적을 이해합니다만~)을 쓴다. 우리말로는 위 예문과 같이 '~입니다만, ~입니까?'란 말을 보통 쓴다. 그러나 영어에서는 평서문과 의문문을 하나의 문장을 쓰지는 않는다. 평서문과 의문문의 내용 사이에 논리적으로 밀접한 관계가 인정된 경우는 세미콜론(;)을 문장 사이에 넣는 것이 좋다.

Business E-mail Situation 3

I can see your point of view, but I think you ought to consider my team's position.

당신의 입장은 알겠지만, 우리 팀의 입장도 고려해 주셨으면 합니다.

'당신의 입장은 알겠습니다'는 '당신의 입장 때문에 그런 의견일 것이라는 것은 알겠습니다'란 의미로 I can see your point of view, but~를 자주 쓴다. 또 '고려해 주셨으면 한다'로 ought to~가 아닌 should~를 쓰면 '(당신에게는)생각할 의무가 있다'란 뉘앙스로 약간 가시가 있는 표현이 된다.

Words
- to some extent 어느 정도는
- finalize 결말짓다, 끝내다
- propose 제안하다
- point of view 관점, 견해
- ought to 마땅히 ~해야 한다
- position 입장, 처지

Point 3 재고를 요청하는 표현

 '재고하다'는 reconsider

Business E-mail Situation ❶

Would you please reconsider your decision not to award the contract to JugglerNet Co.?
저글러넷 사에게는 계약을 해줄 수 없다고 하는 귀하의 결정을 재고해 주시면 안 될까요?

 상대의 결정에 대해 다른 의견을 말하기 위해서 '~을 재고해 주시면 안 될까요?'라고 부탁할 때는 Would you please reconsider~를 쓴다. '계약을 해주다'는 award(수여하다)란 동사를 써서 awarded the contact to the lowest bidder(최저 입찰자에 계약을 주다)란 식으로 쓴다.

Business E-mail Situation ❷

I would appreciate it very much if you would reconsider your decision to cut our budget.
저희의 예산을 삭감한다고 하는 귀하의 결정을 재고해 주셨으면 정말 기쁘겠습니다.

 reconsider~(~을 재고하다)를 써서 상대방이 한번 내린 결정에 대해 재고를 요청하는 표현이다.

Business E-mail Situation ❸

If we were to give you a raise, might you reconsider your decision?
승급을 시키면, 결정을 재고하시겠습니까?

 '승급시키면'은 '하나의 가정으로서 만약 당신을 승급시키면'이라고 풀이해서 if절의 주동사에 가정법 were to~를 써서 If we were to give you a raise를 쓰고 있다.
위 예문처럼 '~하면 ~하겠습니까?'라고 질문하는 방법은 비즈니스 메일에서 아주 많이 쓴다. 약간의 조건문을 의문문과 함께 쓰는 표현이므로 기억해두면 편리할 것이다.

Words
• reconsider 재고하다 • award the contract 계약을 해주다 • raise 승급, 가격 인상 • decision 결정

In More Depth 한걸음 더

대안을 내는 것도 작전의 하나

무작정 반대하지 않고 이쪽에서 제안이나 대책을 제시하고 상대방의 이해를 요청하는 표현을 소개한다.

- **I feel it would be better to** add servers **than to** purchase an expensive router.
  고액의 라우터를 1대 구입하는 것보다 서버를 여러 대 추가하는 것이 좋다고 저는 생각합니다.

- **Why don't we discuss** this development project next Tuesday **when we will have a regular meeting?**
  다음 주 화요일에 정기적인 미팅을 개최하므로 그때 이 개발 프로젝트에 대해 의논하는 것은 어떠신가요?

- **Now that I have** pointed out problems that the original ViewSysCam design has, **I would like to present a new approach which is different** from that of Mr. LaPlagei's team.
  뷰시스캠의 원래 설계의 문제점을 지적했으므로, 이번에는 라플라게이 씨와는 다른 접근법을 제시하고 싶습니다.

Words
- purchase 구입하다 • expensive 비싼 • regular 규칙적인, 정기적인 • approach 접근, 접근법

Quiz 이런 경우에는 영어로 어떻게 표현?

Q1. I am afraid I _____ _____ with you regarding how to assign our programmers.
저희 프로그래머의 역할 분담에 대해서는 유감스럽지만, 귀하와 생각에 전적으로 반대합니다.

Q2. I agree with your idea to some extent but it seems that we need to deal with a couple of _____ before we finalize our plan.
귀하의 의견에는 저도 어느 정도까지는 찬성하지만, 저희들의 계획을 최종 결정하기 전에 아직 두세 가지 문제를 정리할 필요가 있다고 생각합니다.

Q3. Would you please _____ _____ _____ not to award the contract to JugglerNet Co.?
저글러넷 사에게는 계약을 해줄 수 없다고 하는 귀하의 결정을 재고해 주시면 안 될까요?

Answer
Q1 absolutely, disagree   Q2 issues   Q3 reconsider, your, decision

Exercise 영한 번역 도전!

Ex1. 유감스럽지만 개발계획을 앞으로 어떻게 추진할지에 대한 귀하의 생각에는 전적으로 반대합니다.

Ex2. 귀하의 지적을 이해합니다만, 새로운 서버를 구입하는데 필요한 비용을 생각해 보셨습니까?

Ex3. 당신의 입장은 알겠지만, 이 개발 프로젝트를 즉시 중지해야할지 어떨지도 생각해 주셨으면 합니다.

Ex4. 개발 프로젝트를 일시 중지한다고 하는 귀하의 결정을 재고해 주시면 정말 기쁘겠습니다.

Answer

Ex1 am afraid로 충격을 완화시킨다

I am afraid I absolutely disagree with you regarding how to proceed with the development plan from now on.

부사로서 '앞으로'라고 말할 때는 from now on을 쓴다. '유감이지만 귀하의 생각에는 전적으로 반대합니다'는 I am afraid로 쓰면 된다.

Ex2 I understand your point~로 먼저 이해를 나타낸다

I understand your point; have you considered the expense of purchasing a new server machine?

여기서는 포인트②에서 설명한 평서문을 세미콜론으로 구분한 후, 의문문을 쓰는 방법을 썼다.

Ex3 '입장은 안다'는 I can see your point of view

I can see your point of view, but I think your ought to consider whether or not we should cancel this development project immediately.

'즉시'는 immediately 외에도 right away 등이 있다.

Ex4 reconsider로 결정의 재고를 부탁한다

I would appreciate it very much if you would reconsider your decision to put the development project on a temporary freeze.

'~해 주셨으면 정말 기쁘겠습니다'는 포인트③에서 나온 기본 표현 I would appreciate it very much if~를 쓴다.

Lesson 31 안건의 중요성을 어필할 때

Point 1 중요성을 호소하는 표현
Point 2 결의와 확신의 표현

상대방이 무언가 행동해 주기를 바랄 때 강한 요청은 자칫 고압적인 인상을 줄 수 있으므로 신중해야 한다. 교섭에 성공하기 위해서는 직접적인 요청보다는 사안의 중요성을 강하게 어필하여 상대방에게 적절한 판단을 내리도록 유도하는 것이 좋다. 중요성을 호소하는 표현과 더불어 결의와 확신에 관한 표현도 배워 보자.

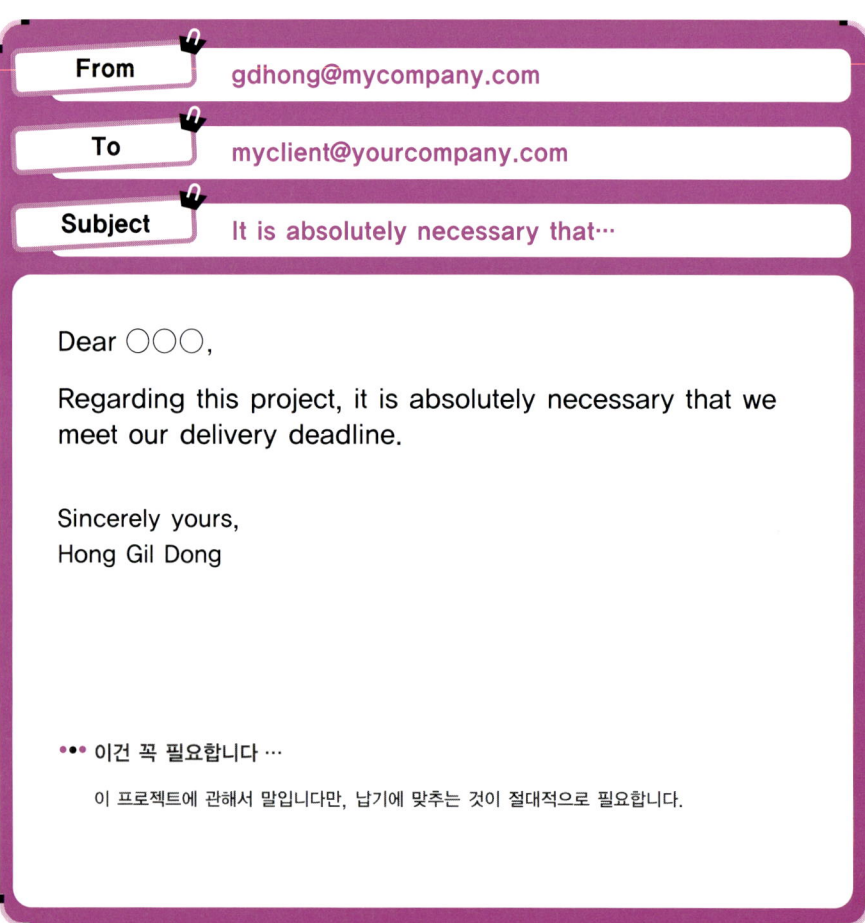

From: gdhong@mycompany.com
To: myclient@yourcompany.com
Subject: It is absolutely necessary that…

Dear ○○○,

Regarding this project, it is absolutely necessary that we meet our delivery deadline.

Sincerely yours,
Hong Gil Dong

••• 이건 꼭 필요합니다 …
  이 프로젝트에 관해서 말입니다만, 납기에 맞추는 것이 절대적으로 필요합니다.

Point 1 중요성을 호소하는 표현

prove를 써서 중요성을 상대방에게 인식시킨다

Business E-mail Situation 1

When you try to convince the San Jose office on this development plan, it could prove important to go through the proper channels.

이 개발 계획에 관해서 새너제이 사무실을 설득하려고 할 때 적절한 인적 채널을 통하는 것이 중요할지도 모릅니다.

'중요할지도 모릅니다'라고 it may be important나 it could be important라고 하고 싶겠지만, 이 문장의 의도는 '인적 채널을 통한 것'의 중요성을 상대방에게 인식시키고 싶은 것이므로 '(결과적으로 ~인 것을)알다'란 의미를 갖는 자동사 prove를 써서 it could prove important to~로 쓰는 것이 적절하다. convince는 '확신시키다' 외에도 '설득하다'란 의미로도 쓴다.

Business E-mail Situation 2

It is your important duty to email your progress report daily.

진행 보고를 매일 메일로 하는 것은 당신의 중요한 의무입니다.

'당신의 계약상의 의무(책임입니다)'라고 말하고 싶을 때는 duty 대신에 obligation을 쓰면 된다.

Business E-mail Situation 3

As for the development plan that Fred Bascom created, I believe that it is important for us to discuss it further.

프레드 바스콤이 작성한 개발 계획 말입니다만, 더 논의하는 것이 중요하다고 저는 생각합니다.

'무엇이 더 중요하다고 생각합니다'라고 분명하게 표현한다.

Business E-mail Situation 4

Regarding this project, it is absolutely necessary that we meet our delivery deadline.

이 프로젝트에 관해서 말입니다만, 납기에 맞추는 것이 절대적으로 필요합니다.

absolutely necessary 하면 매우 강하게 호소하는 표현이 된다.

Words
• convince 확신시키다, 설득하다 • proper 적절한 • channel 경로, 접근수단

Business E-mail Situation 5

I cannot stress enough how important it is to email your progress report to the chief engineer everyday.

기술주임에게 자신의 진척 상황을 매일 메일로 보고하는 것이 얼마나 중요한지 아무리 강조해도 지나치지 않습니다.

 I cannot stress enough the important of~(~의 부분은 동명사가 된다)도 같은 의미로 쓴다.

Business E-mail Situation 6

It is both necessary and important for you to get Bryan White's approval before you go ahead and hire 5 programmers.

프로그래머를 신규로 5명 고용하기 전에 브라이언 화이트 씨의 승인을 받는 것은 필요하면서도 중요한 일입니다.

 go ahead는 '어서 먼저'란 의미로 자주 쓰이지만 go ahead and~(~의 부분은 동사구)란 형태로 쓸 때는 '~하기로 결단을 내리다, 굳이 ~하다'란 의미가 된다.

As I think we should not overlook that fact, I would like to inform you that president Casper Goldstein of BullSoft Co. is asking payment in advance.

불소프트 사의 캐스퍼 골드스타인 사장이 선금으로 지불해 달라고 요청하는 것을 간과해서는 안 된다고 생각하므로 알려드립니다.

 should not overlook을 사용하여 필요성을 상대방에게 호소한다.

Business E-mail Situation

I would like to emphasize that the goal of this meeting is to come up with a solution.

이번 회의의 목적은 해결책을 찾아내는 것임을 강조하고 싶습니다.

 '강조하다'는 뜻의 emphasize를 사용하여 중요성을 알리는 표현이다.

Words
• stress 강조하다　• overlook 간과하다　• emphasize 강조하다, 역설하다

Point 2 결의와 확신의 표현

must를 absolutely로 더욱 강조

Business E-mail Situation

We absolutely must succeed in this project.
어떻게 해서든 이 프로젝트를 성공시켜야만 합니다.

'어떻게 해서든 ~해야 합니다'는 결의를 나타내는데 사용되는 아주 강한 말투다. 이것만으로도 강한 표현인 we must~(~해야만 한다)를 absolutely(절대로)로 한 번 더 강조해서 We absolutely must~로 아주 강한 결의를 나타낼 수 있다.

Business E-mail Situation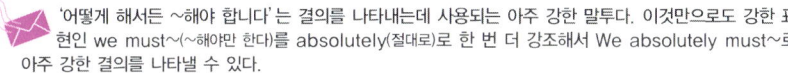

About Joe Weisenberger, who heads the development division now, **I have every confidence that** he will do an excellent job in his new assignment.
현재 개발부분을 인솔하고 있는 조 와이젠버거 말입니다만, 그가 이번에 새로 맡은 일을 훌륭하게 처리할 것으로 저는 확신합니다.

I have every confidence that~은 아주 강한 확신이 있다는 것을 전달할 때 쓰는 일종의 정해진 문구다. 관계대명사절 who heads the development division의 head는 타동사로 '선두에 서다'나 '(조직을)이끌다'란 의미가 있다.

Business E-mail Situation

We are confident that we will be able to meet our delivery deadline.
저희는 납기일에 맞출 자신이 있습니다.

'~하는 것에 자신이 있습니다'는 We are confident that~이란 심플한 말로 쓰면 된다. meet our delivery deadline은 '납기일에 맞춘다'란 의미의 일종의 정해진 문구다.

Business E-mail Situation

It is beyond any question that we have to pay some extra expense to Plaza Soft Co. because their programmers worked overtime last week.
플라자 소프트 사의 프로그래머가 저번 주 잔업을 했으므로, 회사에서 소정의 시간외 수당을 지불해야 한다는 것은 확실합니다.

beyond any question은 의문의 여지 없이 확실하다는 의미이다.

Words
- confidence 확신 • confident 확신하는 • extra 추가의 • expense 비용, 지출

In More Depth 한걸음 더

그렇게 중요하지 않다고 말하고 싶을 때

어떤 안건이 상대방이 생각하고 있는 것보다 자신은 그렇게 중요하지 않다고 말하고 싶을 때 쓰는 표현을 소개한다.

- When we consider that we are all connected through the network, which office we will be doing development at **is a very minor issue**.
  어디에 있더라도 네트워크로 연결되어 있다는 점을 생각하면, 어느 사무실에서 개발 작업을 하고 있느냐 하는 것은 정말 사소한 문제입니다.

- **I don't see the importance** of keeping paper documents since all the information is saved on our file server.
  모든 정보가 파일 서버에 보존되어 있으므로, 종이 서류를 모아 두는 것은 별로 중요하지 않다고 생각합니다.

- Who will be fixing this bug **is of secondary importance**.
  누가 이 버그를 수정할지는 2차적인 문제입니다.

Words
• minor 사소한 • secondary 부차적인, 제2위의

Quiz 이런 경우에는 영어로 어떻게 표현?

Q1. When you try to convince the San Jose office on this development plan, it _____ _____ important to go through the proper channels.
이 개발 계획에 관해서 새너제이 사무실을 설득하려고 할 때 적절한 인적 채널을 통하는 것이 중요할지도 모릅니다.

Q2. We _____ _____ succeed in this project.
어떻게 해서든 이 프로젝트를 성공시켜야만 합니다.

Q3. About Joe Weisenberger, who heads the development division now? I have _____ _____ that he will do an excellent job in his new assignment.
현재 개발부분을 인솔하고 있는 조 와이젠버거 말입니다만, 그가 이번에 새로 맡은 일을 훌륭하게 처리할 것으로 저는 확신합니다.

Answer
Q1 could, prove   Q2 absolutely, must   Q3 every, confidence

Exercise 영한 번역 도전!

Ex1. 프로그래머의 신규채용 말입니다만, 후보자가 전문분야에서 영어로 회화가 가능한지 묻는 것이 중요하다고 저는 생각합니다.

Ex2. 이 버그를 수정하는 것의 중요성은 아무리 강조해도 지나치지 않으므로 San Jose 사무실에서 제기하는 클레임에 즉각적으로 대응하는 것이 절대적으로 필요합니다.

Ex3. 기술주임인 Calvin Alman 씨로부터 추천장을 받는 것은 필요하면서도 중요한 일입니다.

Ex4. 홍길동씨가 이 개발 프로젝트에 악영향을 끼치고 있다는 것은 확실합니다.

Answer

Ex1 '중요하다고 생각한다'는 I believe를 쓴다

As for recruiting programmers, I believe that it is important for us to ask whether a candidate can carry out professional conversation in English.

포인트①의 변형 표현으로 I believe that it is important for us to~를 쓴다. 한글로는 '중요하다고 저는 생각합니다'지만, I think나 I feel이 아닌 I believe를 쓰는 것이 중요성을 상대방에게 강하게 호소할 수가 있다.

Ex2 '절대적으로 필요'는 absolutely necessary

As we cannot stress enough the importance of fixing this bug, it is absolutely necessary that we respond to the claim from the San Jose office immediately.

포인트①에서도 소개한 it is absolutely necessary that~와 can not stress enough의 2가지 표현의 응용이다. '~로부터의 클레임에 대응하다'의 '대응'은 respond를 써서 respond to the claim from~가 된다.

Ex3 both necessary and important는 일종의 정해진 문구

It is both necessary and important for you to get a letter of recommendation from Mr. Calvin Alman, the chief engineer.

이것도 포인트①에서 소개한 정해진 문구로 쓰이는 표현이다.
'~로부터 추천장을 받다'는 get a letter of recommendation from~이 된다.

Ex4 beyond any question

It is beyond any question that Hong Gil dong is having a negative impact on this development project.

쓰는 사람의 확신을 나타내는 '~은 확실하다'는 It is beyond any question that~를 쓴다. '~에 좋은 영향을 미치게 하다'라면 having a positive influence on~이다.

Lesson 32 완곡하게 표현할 때

Point 1 허가를 구하는 표현
Point 2 요구사항을 전하는 표현
Point 3 완곡한 질문의 표현

영어에도 존댓말처럼 정중한 말투나 상대방을 배려하고 존중해 주는 표현들이 있다. 자신의 요구사항을 직접적으로 표현하지 않고 완곡한 표현으로 에둘러서 전하는 것이다. 자신보다 지위가 높은 사람이나 아직 친하지 않은 사람에게 부드럽게 허가를 구하거나 조심스럽게 요구사항을 전달하는 표현들을 배워 보자.

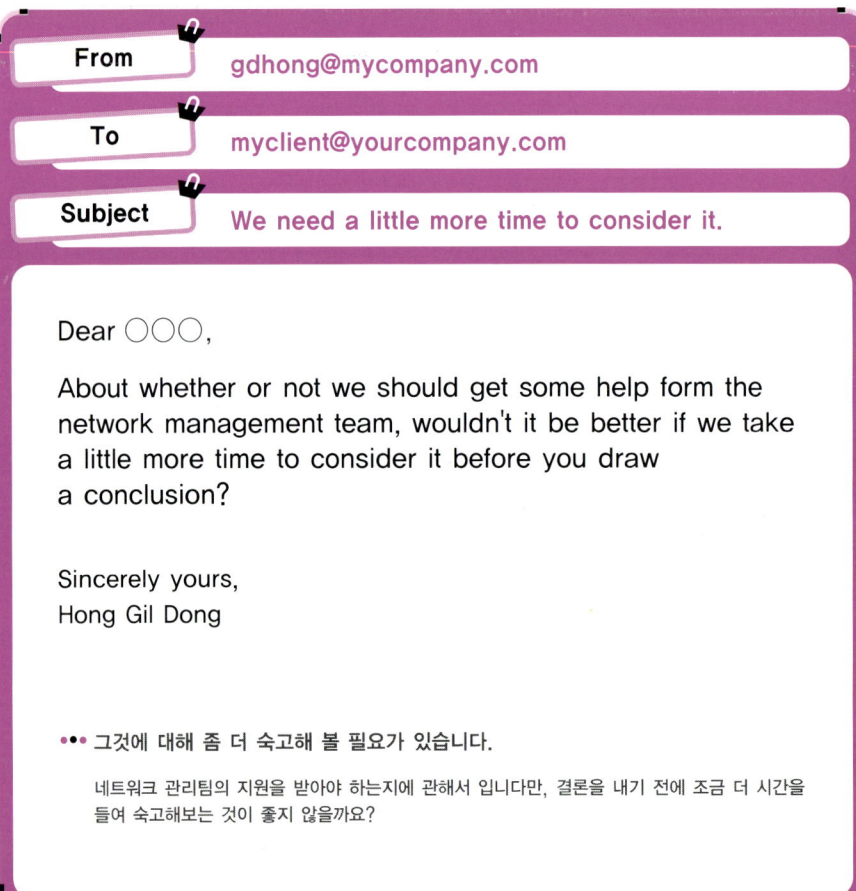

From: gdhong@mycompany.com
To: myclient@yourcompany.com
Subject: We need a little more time to consider it.

Dear ○○○,

About whether or not we should get some help form the network management team, wouldn't it be better if we take a little more time to consider it before you draw a conclusion?

Sincerely yours,
Hong Gil Dong

••• 그것에 대해 좀 더 숙고해 볼 필요가 있습니다.
네트워크 관리팀의 지원을 받아야 하는지에 관해서 입니다만, 결론을 내기 전에 조금 더 시간을 들여 숙고해보는 것이 좋지 않을까요?

Point 1 허가를 구하는 표현

완곡한 표현의 기본은 would

Business E-mail Situation

If it is all right with you, I would like to award the contract to PeerOneCOM Co. Would that be all right with you?

만약 이의가 없으시면 피어원컴 사와 계약을 맺고 싶은데 괜찮으신가요?

지금까지 몇 번이고 나왔지만, 완곡하게 무언가를 부탁하거나 허가를 구하거나 할 때에는 조동사 would를 쓰는 것이 기본이다. 예를 들면 Is that all right with you?가 아닌 Would that be all right with you?라고 하면 '괜찮으신가요?'란 부드러운 어조를 표현할 수 있다. 또 If it is all right with you(만약 이의가 없으시면) 부분을 '특별히 반대가 아니라면'으로 말하고 싶을 때는 If you have no objection으로 쓰면 된다.

Business E-mail Situation

Please allow me to show the design of this system to Mr. Oscar Lawrence of InfoBank4U Co.

인포뱅크포유 사의 오스카 로렌스 씨에게 본 시스템 설계를 보여줘도 된다는 허가를 받고 싶습니다.

조동사 would를 쓰지 않고 완곡하게 허가를 구하는 방법으로 Please allow me to~(~하는 허가를 받고 싶습니다)란 표현이 있다.

Business E-mail Situation

I would like to get your permission to set up a firewall to shut off unauthorized access into our system from the outside.

만약 허가해 주신다면, 해킹을 차단하기 위한 방화벽을 설치하고 싶습니다.

'허가'를 의미하는 명사 permission을 써서 완곡하게 말하는 방법도 있다. I would like to get your permission to~는 직역하면 '~하기 위한 허락을 해주셨으면 합니다'지만 '만약 허가를 해주신다면, ~하고 싶습니다'로 풀이할 수 있다.
위 예문에서 상대방으로부터 서면에 의한 허가를 받고 싶을 때는 I would like to have your written permission to~로 말하면 된다.

Words
- permission 허가 • firewall 방화벽 • shut off 차단하다 • unauthorized 허가 받지 않은, 권한이 없는
- access 접속 • outside 외부

Point 2 요구사항을 전하는 표현

 '가능하면 ~하고 싶습니다'는 **I would rather~**

Business E-mail Situation **1**

If I could, I would rather visit the San Jose office next week.
가능하다면 새너제이 사무실에는 다음 주에 출장가고 싶은데요.

> I would rather~은 영어에서 자주 나오는 표현으로, '만약 가능하다면 ~하고 싶습니다'라고 말하고 싶을 때 쓴다. 영문의 '출장가고 싶은데요'를 '출장가고 싶습니다'로 말하고 싶다면 If I could 부분을 빼면 된다.

Business E-mail Situation **2**

Would it be possible for you to work overtime today and finish this program rather than leave the office on time?
오늘은 정시에 퇴근하지 말고, 잔업을 해서 이 프로그램을 완성시켜줬음 하는데 그게 가능할까요?

> 상대방에 의해 요구사항을 직접 던지면 무례한 인상을 주는 경우가 많다. 부드러운 말투로 요구사항을 전달하는 표현도 몇 가지 기억해 뒀으면 한다. 예를 들면 '~해 주셨으면 하는데, 그것은 가능할까요?' 는 Would it be possible for you to~?다.

Business E-mail Situation **3**

As I don't like system consultants, **please let me** hire programmers instead, **if I may**.
저는 시스템 컨설턴트는 좋아하지 않아서 만약 가능하다면 프로그래머를 고용해 주세요.

 '만약 가능하다면 ~하게 해 주세요'라면 please let me~, if I may를 쓴다.

Words
• would rather 차라리 ~하고 싶다, ~하는 편이 낫다 • leave 떠나다 • consultant 컨설턴트 • instead 대신에

Point 3 완곡한 질문의 표현

 완곡하게 물어보는 여러가지 표현들

Business E-mail Situation ①

I am wondering if you could tell me where XacBit Co. has moved to.

잭빗 사의 이전 장소를 가르쳐 주실 수 있으신가요?

I am wondering if you could tell me~는 '~에 대해 가르쳐 주실 수 있으신가요?'란 완곡한 질문 표현이다. 조금 의역하면 '~은 알고계신가요?'란 의미로 풀이해도 된다. '~'의 부분에 if, whether, what, where, when, why, how로 시작하는 의문사절을 사용하면 다양한 질문이 가능해진다.

Business E-mail Situation ②

Could you tell me who is heading the Web service development project group?

웹 서비스 개발 프로젝트 그룹의 리더가 누구인지 알려주실 수 있으신가요?

Could you tell me~(~를 가르쳐 주실 수 있으신가요?)도 완곡한 질문의 기본 표현이다. '~'의 부분은 if, whether, what, where, when, why, how로 시작하는 의문사절을 사용하면 다양한 질문이 가능해 진다.

Business E-mail Situation ③

About whether or not we should get some help from the network management team, **wouldn't it be better if** we take a little more time to consider it before you draw a conclusion?

네트워크 관리팀의 지원을 받아야 하는지에 관해서 입니다만, 결론을 내기 전에 조금 더 시간을 들여 숙고해보는 것이 좋지 않을까요?

정색하고 반대하는 것이 아니라 '~하는 것이 좋지 않을까요?'라고 완곡하게 질문을 하고 싶을 때는 wouldn't it be better if~란 표현이 있다.

Words
• move 이동하다, 이사하다 • head 선두에 서다, 인솔하다 • draw a conclusion 결론을 내리다

In More Depth 한걸음 더

애매하게 의견이나 사실을 말하고 싶을 때 쓰는 표현

의견이나 사실을 '이렇다'고 단순하게 잘라 말할 수 없을 때는 애매한 뉘앙스로 그것을 전달할 수 있는 표현이 영어에도 여러 가지가 있다.

- **It seems to me that** the project group is spending too much time fixing the bug.
  웹 서비스 프로젝트 그룹은 그 버그를 수정하는데 시간을 너무 들이고 있다고 저는 생각합니다.
- **It could be that** president Dexter Harris of DataZone Co. prefers this method because it has been suggested by the development group.
  데이터 존 사의 덱스터 해리스 사장이 이 방법을 선호하는 것은 개발 그룹이 제안한 방법이라서 그럴지도 모릅니다.
- **As far as I am able to observe**, the project group is doing a good job these days.
  제가 관찰한 바로는 프로젝트 그룹은 요즘 잘 하고 있는 것 같습니다.

Words
- spend (시간이나 돈을)사용하다 •prefer 오히려 ~을 좋아하다 •observe 관찰하다

Quiz 이런 경우에는 영어로 어떻게 표현?

Q1. If it is all right with you, I _____ _____ award the contract to PeerOneCOM Co. _____ that be all right with you.
만약 이의가 없으시면 피어원컴 사와 계약을 맺고 싶은데 괜찮으신가요?

Q2. If I could, I _____ _____ visit the San Jose office next week.
가능하다면 새너제이 사무실에는 다음 주에 출장가고 싶은데요.

Q3. I am wondering if you _____ _____ me where XacBit Co. has moved to.
잭빗 사의 이전 장소를 가르쳐 주실 수 있으신가요?

Answer
Q1 would, like, to, Would   Q2 would, rather   Q3 could, tell

Exercise 영한 번역 도전!

Ex1. 이 프로젝트를 위해 최소한 3명의 프로그래머를 채용하게 허락을 해 주셨으면 합니다.

Ex2. 이 개발 프로젝트에 관해서는 어떤 문제이든 발생하는 대로 즉시 저에게 보고해 주셨으면 하는데, 그게 가능할까요?

Ex3. 가능하다면 이 프로젝트에 대해서는 ClusterShell 사를 이용하고 싶은데요.

Ex4. Mr. Bill Gateskeeper가 서버 개발 프로젝트 팀에 도움이 될지 여부는 박 과장이 결정하게 하는 것이 좋지 않을까요?

Answer

Ex1 Please allow me to~로 '허가를 구하고 싶습니다'

Please allow me to hire at least 3 new programmers for this project.

포인트①에서 설명한 would를 쓰지 않은 완곡한 허가를 구하는 표현이다.

Ex2 '그게 가능할까요?'로 완곡하게 요구사항을 말한다

As for this development project, would it be possible for you to report any problem to me as soon as they occur?

포인트②에서 소개한 '~해 주셨으면 하는데, 그게 가능할까요?'의 기본 표현 would it be possible for you to~? 를 쓴다. '(그것이)발생하는 대로'는 as soon as they occur로 쓴다.

Ex3 영어에서 자주 쓰는 완곡한 요구사항 표현인 I would rather

As far as this project, I would rather use ClusterShell Co., if I could.

'이 프로젝트에 대해서는'은 as far as this project concerned지만, is concerned 부분은 상황에 따라 생략할 수 있다. 잘 모를 때는 그냥 그대로 두면 틀릴 위험은 없을 것이다.

Ex4 완곡하게 의문을 표현하는 Wouldn't be better if~

Wouldn't it be better if we let Mr. Pak decide whether Mr. Bill Gateskeeper would be of any help to the server development project team?

포인트③에서 나온 '~하는 것이 좋지 않을까요?'로 완곡하게 의문을 표현하는 방법을 쓴다.

Lesson 33 타협을 이끌어낼 때

Point 1 타협안을 받아들이는 표현
Point 2 타협안을 거부하는 표현
Point 3 조건부 수용의 표현

교섭에서 서로의 조건을 완벽하게 일치시킬 수는 없는 일이다. 따라서 어느 시점에서는 타협이 필요하다. 33과에서는 상대방의 타협안을 받아들이거나 거절하는 표현, 타협안을 제시하는 표현들을 알아보자. 또 제시된 안을 받아들일 수 없을 때, 약간의 여운을 남겨 재고의 여지가 있음을 전하는 표현도 배워 보자.

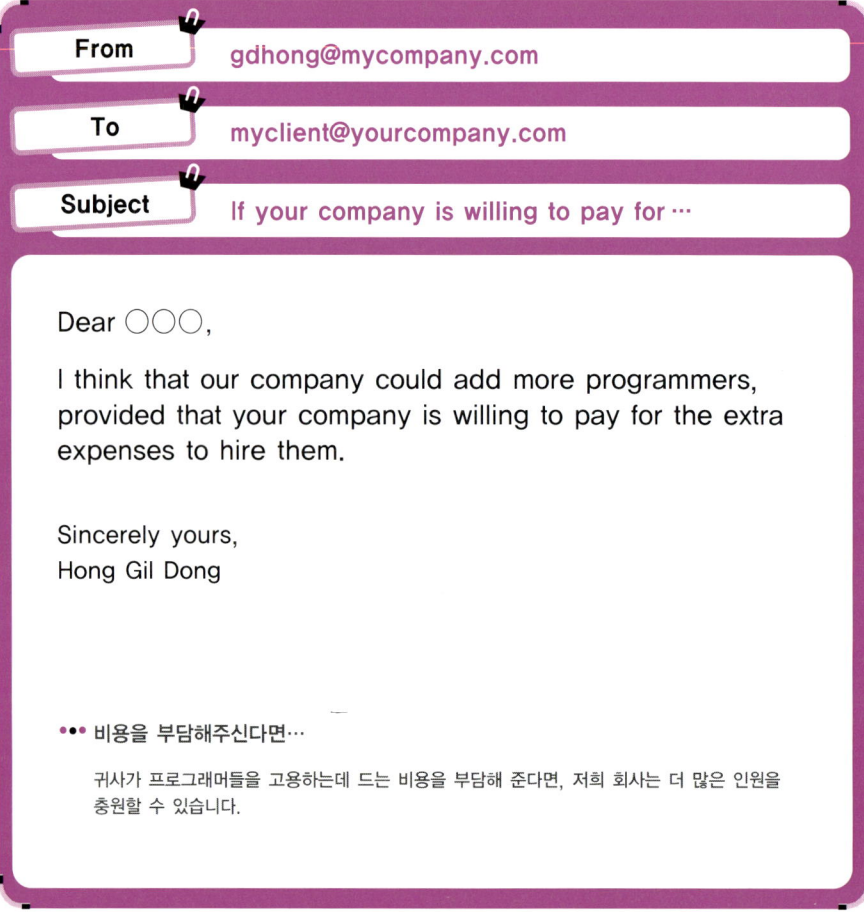

From: gdhong@mycompany.com
To: myclient@yourcompany.com
Subject: If your company is willing to pay for ···

Dear ○○○,

I think that our company could add more programmers, provided that your company is willing to pay for the extra expenses to hire them.

Sincerely yours,
Hong Gil Dong

••• 비용을 부담해주신다면···

귀사가 프로그래머들을 고용하는데 드는 비용을 부담해 준다면, 저희 회사는 더 많은 인원을 충원할 수 있습니다.

Point 1 타협안을 받아들이는 표현

provided that으로 타협 조건을 제시

Business E-mail Situation

I think that our company could add more programmers, provided that your company is willing to pay for the extra expenses to hire them.

귀사가 프로그래머들을 고용하는 비용을 부담해 준다면, 저희 회사는 더 많은 인원을 충원할 수 있습니다.

 조금 긴 문장이 되지만, I think that our company could~, provided that your company is willing to~(귀사가 ~해 주신다면 저희 회사는 ~할 수 있습니다.)는 '제시한 조건을 그들이 들어준다면 이쪽도 양보할 용의가 있다'고 타협안을 제시할 때 쓰는 기본 표현이다. 이 provided that~ 부분은 if를 쓴 조건문과 아주 비슷한 의미가 된다. provided를 조건을 제시하는데 쓸 때는 항상 provided that 형태로 쓴다.

Business E-mail Situation

San Jose office's compromise solution is acceptable to my project group because it seems reasonable to me.

새너제이 사무실의 타협안은 저희 그룹이 받아들일 수 있습니다. 그 안은 타당해보이기 때문이죠.

 '저는 그 해결책을 받아들일 수 있습니다'란 의미로 해석하면 the solution is acceptable to me로 번역할 수 있다. 또 '타당'이란 말은 reasonable로 쓴다. '타협안'은 compromise solution이지만 문맥에 따라 단순하게 compromise도 된다.

Business E-mail Situation

We think that the compromise solution sent from the development division would be perfectly acceptable.

개발부에서 보낸 타협안이 괜찮다고 저희들은 생각합니다.

 would be perfectly acceptable이라고 표현함으로써 타협안에 충분히 만족하고 있다는 것을 상대방에게 전달하고 있다.

Words
- add 더하다, 추가하다
- provided that 만일 ~라면
- compromise 타협, 절충안
- acceptable 받아들일 수 있는, 인정할 수 있는
- reasonable 합리적인
- perfectly 완전히, 완벽하게

Point 2 타협안을 거부하는 표현

very reluctantly(정말로 본의는 아니지만)으로 부정적인 답변을 한다

Business E-mail Situation

If the solution your company emailed us this morning is your final offer, very reluctantly, our company has to cancel this project.

오늘 아침 귀사로부터 메일로 보내온 결론이 그쪽의 최종적인 제의라면 매우 유감스럽지만, 당사는 이 프로젝트를 취소할 수밖에 없습니다.

If~is your final~, very reluctantly, our company has to~(~가 그쪽의 최종적인 ~이라면, 아주 유감이지만, 당사는 ~하지 않을 수밖에 없습니다)는 최후통첩이라도 내리는 말투로 '이대로는 그쪽의 안을 받아들일 수 없다'고 하는 자세를 강하게 나타내는 표현이다. 이러한 경우의 '최종적인'은 final을 쓴다. very reluctantly는 '정말로 본의는 아니지만'란 뉘앙스로 부정적 답변을 할 때 자주 쓴다.

Business E-mail Situation

I have some doubts as to whether to product division's compromise is a viable solution.

프로젝트부의 타협안이 실행 가능한 해결책인지 아닌지 저로서는 의문입니다.

상대의 제안에 의문을 가지고 있다고 말함으로써 부정적인 답변을 하는 표현이다.

Business E-mail Situation

We are not entirely convinced that Mr. Hong's team's counterproposal is a viable solution either.

홍길동씨 팀의 반대 제안도 실행 가능한 결론이라는 확신을 가질 수 없습니다.

'조건을 재고해 달라'는 여지를 남기면서 상대방의 안건에 부정적인 답변을 하는 표현이다.

Business E-mail Situation

Unfortunately, there is no way we can continue this development plan unless your company will pay one million dollars in advance.

유감이지만 당사에 100만 불을 선불로 주시지 않으면 본 개발 계획은 계속할 수 없습니다.

최후통첩을 내리는 것 같은 말투지만 '~해 주시지 않으면, ~할 수 없습니다'고 상대방에게 이쪽의 조건을 받아들일 것을 강하게 요구할 때 there is no way we can ~unless~가 있다. there is no way~는 '~할 가능성은 없다'고 하는 의미로 주로 쓰는 표현이다. ('~'의 부분에는 완전한 문이 들어간다.)

Words
- viable 실행 가능한
- entirely 완전히, 전적으로
- counterproposal 반대 제안, 대안(對案)

Point 3 조건부 수용의 표현

'이의가 없다'는 we see no objection

Business E-mail Situation

We see no objection whatsoever to fix the bug, **provided that** you will pay us first.

먼저 지불을 하신다면 그 버그를 수정하는 것에 대해 저희들은 아무 이의가 없습니다.

we see no objection으로 '이의가 없습니다'란 의미가 된다. 이것을 강조하는 부사 whatsoever로 수식해서 '아무 이의도 없습니다'라고 적극적인 자세를 보여주면서 이쪽이 제시하는 조건에 동의를 구하고 있다. provided that~ 이하에서는 타협을 위한 조건을 나타내고 있다.

Business E-mail Situation

My group is **willing to try our best if you would** support our company financially.

금전적인 면에서 당사를 지원해 주신다면 저희 그룹은 귀사를 위해 전력을 다하겠습니다.

if~ 이하에 조건을 나타내면서 그 조건이 충족된다면 적극적으로 상대방의 안건을 받아들이겠다는 답변이다. be willing to~(~하는 것을 마다하지 않다)를 쓴 것이 포인트라고 할 수 있다.

Business E-mail Situation

Our participation in this project would be conditional on whether or not your company will cover the cost.
We are willing to send several programmers **right away if you would** agree to pay for the expenses.

당사가 본 프로젝트에 참가할지 안 할지는 귀사가 비용을 부담해 주실지 아닐지에 달렸습니다.
비용을 지불하는 것에 합의해 주신다면 즉시 프로그래머를 몇 사람을 파견하겠습니다.

We are willing to ~ right away if you would ~ 는 귀사가 ~한다면 우리는 즉시 ~하겠다는 조건부 수용의 표현이다.

Words
- objection 반대, 이의 • whatsoever whatever (~하는 것은 무엇이든지)의 강조형
- try our best 우리의 최선을 다하다 • participation 참여 • conditional ~을 조건으로 한, 조건부의

In More Depth 한걸음 더

if절의 동사의 활용형

if절을 쓸 때 '가정법'을 써야할지 어떨지 고민하는 사람은 여기서 확실하게 집고 넘어가자.

'가정법'을 쓸지 안 쓸지의 기준은 쓰는 사람이 머릿속에서 조건(if절의 내용)을 어떻게 파악하는가에 따라 달려있다. 만약 그것이 실제로 '있을 것 같은 것' '일어날 것 같은 것' '일어날 전망이 있는 것'이라고 생각하고 있는 경우는 if절의 동사를 가정법 시제로 할 필요는 없다. 이하 예문에서 한번 생각해 보자.

어제, 임직원회가 열려서 귀하의 개발 계획을 승인할지 안할지를 검토했습니다. 그 결과는 내일 임직원회가 발표합니다. 만약 그 대답이 'yes'라면 귀하의 계획을 시작하겠습니다.

조건을 나타내고 있는 것은 '만약 그 대답이 「yes」라면'의 부분이다. 쓰는 사람인 당신이 '답이 「yes」라는 것'이 실제로 '있을 것 같은 것'이라고 상상할 수 있는 경우는 if절의 동사를 보통 시제로 다음과 같이 쓴다.

······· If the answer **is** yes, we **will** get started with the plan.

만약 실제로 '있을 것 같지 않다'가 '가정에서는 있을 수 있다'라고 생각한다면 가정법을 쓴다.

······· If the answer **was/were** yes, we **would** get started with the plan.

Quiz 이런 경우에는 영어로 어떻게 표현?

Q1. I think that our company could add more programmers, _____ that your company is willing to pay for the extra expenses to hire them.

귀사가 프로그래머들을 고용하는 비용을 부담해 준다면, 저희 회사는 더 많은 인원을 충원할 수 있습니다.

Q2. If the solution your company emailed us this morning is your _____ offer, _____, our company has to cancel this project.

오늘 아침 귀사로부터 메일로 보내온 결론이 그쪽의 최종적인 제의라면 매우 유감스럽지만, 당사는 이 프로젝트를 취소할 수밖에 없습니다.

Q3. We see _____ whatsoever to fix the bug, provided that you will pay us first.

먼저 지불을 하신다면 그 버그를 수정하는 것에 대해 저희들은 아무 이의가 없습니다.

Answer
Q1 provided Q2 final, very, reluctantly Q3 no, objection

Exercise 영한 번역 도전!

Ex1. 우리들은 Lauri Pinker의 조건에 동의하므로, 귀사의 대안을 받아들일 수 있습니다.

Ex2. 네트워크 관리부가 어제 작성한 계약이 공평한 제안인지 아닌지, 저로서는 의문입니다.

Ex3. 당사로서는 귀사가 먼저 비밀유지계약서를 보내 주신다면 즉시 기술문서를 보여드리겠습니다.

Answer

Ex1 '괜찮습니다'는 acceptable to us

Your alternative solution is acceptable to us because we agree with Lauri Pinker's conditions.

포인트①에서 소개한 것처럼 '괜찮습니다'는 '그 안건을 받아들이는 것으로 저희는 괜찮습니다'란 의미이므로 acceptable to me로 쓸 수 있다.

Ex2 조건을 재고해 달라고 할 때의 답변

I have some doubts as to whether the contract the network management division created yesterday is a fair proposal.

상대방의 안에 부정적 견해를 제시하면서 조건의 재고를 요청하는 I have some doubts as to whether~이란 표현을 쓴다. '공평한 제안'이란 느낌으로 말할 때의 '공평한'은 fair가 적당하다.

Ex3 조건을 붙여서 안건을 받아들일 때의 기본 표현

We are willing to show you any technical document right away if your company sends us your NDA first.

We are willing to~right away if~를 쓴다. non disclosure agreement(비밀유지계약서)의 약자로 NDA, confidential agreement(비밀유지동의서)는 약자로 CA로 표기한다.

Lesson 34 번거로운 사태에 대응할 때

Point 1 경고의 표현
Point 2 고충을 알리는 표현
Point 3 컴플레인에 대응하는 표현

34과에서는 비즈니스에서 자주 발생하는 문제 상황에 대응하는 표현을 배워 보자. 경고나 고충을 알리는 표현, 컴플레인에 대응하는 표현 등이다. 고객은 항상 신속한 대응을 기대하고 있다. 때로는 해외 고객이 직접 컴플레인을 걸어오는 경우도 있으므로 메일로 초기 대응을 어떻게 해야 하는지 알아두는 것이 좋다.

From gdhong@mycompany.com
To myclient@yourcompany.com
Subject If this situation is not corrected…

Dear ○○○,

This is to inform you that you are using our Web content without our permission, and if this situation is not corrected, we will be forced to take legal action.

Thank you,
Hong Gil Dong

••• 이 상황이 고쳐지지 않는다면…

알려드립니다. 귀하는 본사의 웹 컨텐츠를 본사의 승인 없이 사용하고 있습니다. 이 상황이 고쳐지지 않는다면 본사는 법적 수단을 강구하지 않을 수 없습니다.

34

번거로운 사태에 대응할 때

Point 1 경고의 표현

 we will be forced to~로 압력을 넣는다

Business E-mail Situation 1

This is to inform you that you are using our Web content without our permission, and if this situation is not corrected, we will be forced to take legal action.

> 알려드립니다. 귀하는 당사의 웹컨텐츠를 승인을 받지 않고 사용하고 있습니다. 이 상황이 고쳐지지 않는다면 당사는 법적 수단을 강구하지 않을 수 없습니다.

 상대방에게 압력을 가하면서 경고하는 '이 상황이 고쳐지지 않는다면, ~하지 않을 수 없습니다'는 if this situation is not corrected, we will be forced to~로 쓴다. 부정사용에 대한 경고로 잘 나오는 '~을 당사의 승인 없이 사용하다'는 use~without our permission이다.

Business E-mail Situation 2

Let this serve as a fair warning – if you continue to bad mouth co-programmers, you will be asked to leave this company.

> 미리 경고해 두겠습니다. 동료 프로그래머의 악담을 앞으로도 계속할 경우, 회사를 떠나야 할 것입니다.

 좀처럼 품행이 고쳐지지 않는 상대방에 대해 '~을 앞으로도 계속할 경우, ~해야 할 것입니다'는 경고하고 싶은 때는 if you continue to~ you will be asked to~의 표현을 쓴다. (to~의 부분은 양쪽 다 부정사다.) leave this company는 '이 회사를 떠난다'고 하는 의미다. '그만두다'라고 확실히 쓰고 싶을 때는 quit를 쓴다. '그만 두게 하다, 자르다'는 fire다. 이 경우는 We will be forced to fire you from this company.가 된다.

Business E-mail Situation 3

I want to give you a work of caution about how to configure your in-house network. If you don't set up your firewall properly, you may be visited by unauthorized persons looking for proprietary information on the server.

> 사내 네트워크 설정에 관해 한마디 주의를 주겠습니다. 방화벽을 바르게 설정하지 않으면 외부인이 서버상의 기밀정보를 빼내기 위해 침입할지도 모릅니다.

 경고 표현 중 하나로, 상대방에게 압력을 가한다기 보다 '바르게 행동을 하길 바란다'는 주의를 촉구하기 위한 것이다.

Words
- content 내용 • be forced to ~하는 것을 피할 수 없다 • take legal action 법적 조치를 취하다
- bad-mouth 헐뜯다 • configure 설정하다 • proprietary information 지적소유권을 가지고 있는 정보

223

Point 2 고충을 알리는 표현

생각지 못한 컴플레인이므로 very disappointed with

Business E-mail Situation ①

We are very disappointed with the performance of your consultant. Consequently, we are requesting a total refund of the payment we made.

귀사의 컨설턴트가 전혀 도움이 되지 않았다는 사실에 놀랐습니다.
그런 이유로 전액 환불을 부탁드립니다.

> '놀랐습니다'는 문맥상 '(기대와 크게 달라)놀라고 실망했습니다'란 의미로, We are very disappointed with~다. 이렇게 컴플레인하는 경우에 surprised를 사용하는 것은 적절치 못하다.
> 또 위 예문에서는 performance(성과)란 단어를 쓰고 있지만, 만약 그대로 직역하자면 We are very disappointed to find that your consultant is completely useless.가 된다.

Business E-mail Situation ②

I am sending this email to complain that the engineer who your company sent to us last week is not only rude but also unhelpful.

귀사가 지난주, 저희 회사에 파견했던 기술자는 무례할 뿐만 아니라 도움이 되지 않으므로, 불만을 제기 하기 위해 이 메일을 보냅니다.

> 컴플레인을 하기 위해 이메일을 보낸다고 직접적으로 표현하는 방법도 있다.

Business E-mail Situation ③

I regret to say that I was a little disappointed with your performance while you were on this development project.

유감이지만, 귀하가 이 개발 프로젝트에서 일하는 태도에 조금 실망하고 있습니다.

> 위 예문은 불평을 말할 때의 표현이다.

Words
- be disappointed with 실망하다 • consequently 따라서, 그 결과로 • rude 무례한 • unhelpful 도움이 되지 않는
- regret 유감으로 생각하다

Point 3 : 컴플레인에 대응하는 표현

컴플레인 초기대응의 철칙은 신속한 보고

Business E-mail Situation ①

We are having our specialists look into the problem you reported and will get back to you as soon as we find a solution to it.

지적해 주신 건입니다만, 현재 전문가의 조사를 의뢰했으므로, 대처법을 알게 되면 즉시 연락을 드리겠습니다.

 고객으로부터의 컴플레인에 대응하는 것의 철칙은 먼저 '컴플레인을 접수했다'고 즉시 보고하는 것이다. We will get back to you as soon as we find a solution to it.(대처법을 알게 되면 즉시 연락을 드리겠습니다)는 이런 경우의 그야말로 아주 많이 쓰는 표현 중 하나다. 이 표현 중의 get back to you는 '(즉시)연락을 드리겠습니다'란 의미다.

Business E-mail Situation ②

We are very sorry to learn from your email that our product does not function properly.

저희 제품이 정상적으로 작동하지 않는다는 메일을 받고, 매우 죄송하게 생각하고 있습니다.

 처음에 컴플레인을 받고 그에 대해 상대방에게 사과할 때 쓰는 표현이다.

Business E-mail Situation ③

John, we have received the following complaint/request/comment. Please take appropriate action.

존, 사용자로부터 다음과 같은 컴플레인/요구사항/의견이 왔습니다. 적절하게 대응해 주세요.

 사내 담당자에게 지시나 부탁을 할 때의 표현이다. '적절하게 대응해 주세요'는 Please take appropriate action. 외에 please take care of it properly.가 있다.

Business E-mail Situation

About the complaint we received by email today, please look into the matter and think about a solution to it.

이번에 메일로 도착한 컴플레인입니다만, 사실관계를 확인해서 대응책을 검토해 주세요.

 '사실관계를 확인하다'는 look into the matter로 쓴다. '대응책을 검토하다'는 think about a solution이지만 '대응책을 생각해 내다'는 come up with a solution을 쓴다.

Words
- specialist 전문가 • take appropriate action 적절하게 대응하다

In More Depth 한걸음 더

기대가 어긋났을 때 실망했다고 말하고 싶을 때의 표현

'기대에 어긋나서 놀랐다'고 하는 표현으로 컴플레인을 할 때의 표현을 몇 가지 소개한다.

- **We are very disappointed to learn that** PeerOneCOM Co. canceled the Web service development contract with us so suddenly.
  피어원컴 사가 당사와의 웹서비스 개발계약을 갑자기 취소했다는 것을 듣고 정말 실망했습니다.

- Regarding the system that your Web service project team developed, **I must say that I am greatly disappointed with** its overall performance.
  귀사의 웹서비스 프로젝트 팀이 개발한 시스템입니다만, 그 전체적인 기능에 실망했다라고 저희는 말하지 않을 수 없습니다.

- **We are a little disappointed not to** receive any information from your company concerning your programmer training.
  귀사의 프로그래머 연수에 관해 어떤 정보도 귀사로부터 얻을 수 없어서 조금은 실망했습니다.

Words
• suddenly 갑자기   • overall 총체적인, 전체에 걸친

Quiz 이런 경우에는 영어로 어떻게 표현?

Q1. This is to inform you that you are using our Web content without our permission, and if this situation is mot corrected, we will _____ take legal action.

알려드립니다. 귀하는 당사의 웹컨텐츠를 승인을 받지 않고 사용하고 있습니다. 이 상황이 고쳐지지 않는다면 당사는 법적 수단을 강구하지 않을 수 없습니다.

Q2. We are very _____ the performance of your consultant. Consequently, we are requesting a total refund of the payment we made.

귀사의 컨설턴트가 전혀 도움이 되지 않았다는 사실에 놀랐습니다. 그런 이유로 전액 환불을 부탁드립니다.

Q3. We are having our specialists look into the problem you reported and will _____ to you _____ we find a solution to it.

지적해 주신 건입니다만, 현재 전문가의 조사를 의뢰했으므로, 대처법을 알게 되면 즉시 연락을 드리겠습니다.

Answer
Q1 be, forced, to   Q2 disappointed, with   Q3 get, back, as, soon, as

Exercise 영한 번역 도전!

Ex1. 귀하가 당사의 워크스테이션을 파손했을 경우에는 수리비용 전액을 귀사에서 부담해야 할 것입니다.

Ex2. 저희 회사는 귀사 기술자의 서비스에 실망한 관계로, 컴플레인을 하고자 이 메일을 보냅니다.

Ex3. 이 메일에 첨부한 컴플레인에 대해 사실관계를 확인해서 대응책을 Smith씨에게 메일로 보내 주세요.

Answer

Ex1 '~했을 경우, ~해 주십시오'의 경고 표현

If you damage our workstation, your company will be asked to reimburse us for the total cost of repair.

포인트①에서 소개한 표현을 조금 바꾸고 있다. '귀하의 회사에서 부담해야 할 것입니다'는 your company will be asked to reimburse가 된다.

Ex2 고충을 메일로 보낼 때의 기본 표현

I am sending this email to complain that we are very disappointed with the service that your engineers provided us.

'귀사 기술자의 서비스'는 '귀사의 기술자가 제공한 서비스'라고 번역하고 있다.

Ex3

About the complaint that I am attaching to this email, please look into the matter and email a solution to Mr. Smith.

사내담당자에게 부탁할 때의 표현이다.

in 10 Minutes!
Super Speed Skill
Development

10분 투자로 영문 메일의 달인 되는

비즈니스 이메일

in 10 Minutes!
Super Speed Skill
Development

10분 투자로 영문 메일의 달인 되는

비즈니스 이메일

10분 투자로 영문 메일의 달인 되는

비즈니스 이메일

in 10 Minutes!
Super Speed Skill
Development